THE BLUE DOOR

蓝门

纪念伊尔梅
Irmeli Kukkapu
纪念约里奥
Yrjö kukkapuro

THE BLUE DOOR

蓝门

库卡波罗的生活与工作

[芬] 伊萨·库卡波罗（Isa kukkapuro）著
方滨 编译 方海 校译

中国电力出版社
CHINA ELECTRIC POWER PRESS

感谢上海阿旺特家具有限公司对本书出版的支持

PREFACE 序

库卡波罗与中国

现代家具设计大师约里奥·库卡波罗 2025 年 2 月 8 日与我们永别了，此刻正好一个月。在这一个月里，我随时随地能感觉到老人家的存在。三年前，当约里奥的夫人伊尔梅丽·库卡波罗去世时，约里奥的个人世界面临坍塌，他们 66 年的婚姻生活是相濡以沫、互相成就的典范。艺术家伊尔梅丽和设计师约里奥以各自的创作互相影响、互相激励，最终都取得了杰出成就。他们位于芬兰首都赫尔辛基郊外“森林城市”的工作室，在他们生前就已被芬兰政府授予国家博物馆称号，并早已成为世界各地设计师的朝圣场所。约里奥继续用他执着的工作方式挺过了伊尔梅丽去世带给他的致命打击，陪伴了我们三年，但他知道告别的时刻临近了。近一年来，我们每次去看望他，老人家都会热情地与我们交流，并在我们离开时坚持走到他工作室那著名的蓝门门口，目送我们上车……他知道时间与生命的含义，他度过了精彩难忘的一生，他的智慧和天赋化作经典设计作品流芳千古，而他对中国人民和中国文化的深情和眷恋，更让中国设计师和中国广大民众受益匪浅。这一个月里，每当我走在赫尔辛基街头，看到随处可见的库卡波罗在不同时代创作的各种设计作品，仿佛老人家从来没有离开过。他留给后人的丰富多彩的设计遗产，让库卡波罗这个名字和设计品牌一样永远与我们生活在一起。

早在20世纪中期，库卡波罗就已被誉为北欧设计的一代宗师。他与阿尔托、塔佩瓦拉、诺米斯奈米一道，开创了对全球产生影响的北欧人文功能主义设计学派，使第二次世界大战后的北欧设计学派与意大利设计学派、美国设计学派并驾齐驱，引领了20世纪后半期全球设计的发展。库卡波罗的设计天赋很早就表现出来，他20岁之前设计的几款家具至今还在生产和销售。在近80年的设计生涯中，库卡波罗创作的家具、灯具和室内设计作品在数量和质量方面都取得了巨大成就，尤其休闲椅和办公家具系列更是20世纪现代家具设计的里程碑作品，被世界各地的博物馆永久收藏。作为北欧家具设计的集大成者，库卡波罗也是卓越的设计教育家，早在20世纪70年代就出任北欧最大的艺术设计大学赫尔辛基艺术设计大学（现阿尔托大学艺术设计与建筑学院）的教授和校长，培养了大批优秀设计师，使芬兰和北欧设计的创意理念代代相传，使北欧设计在整个20世纪直到今天仍然是世界上最有影响力的设计学派。对于中国的设计院校和数代师生而言，库卡波罗堪称最重要的外籍导师之一。他从1997年开始直到2018年的二十余年间，访问中国40余次，足迹遍及大江南北50多个城市和乡村，并在30余所高校开设学术讲座，在设计理论和实践两个方面启发中国设计师，并与中国学者和工匠反复深入交流设计体会……噩耗传来，我们知道现代设计的一盏明灯突然熄灭了，但我们无尽的怀念会化作一种力量，让我们时常想起库卡波罗大师的教诲。

我于1996年8月初坐火车到达芬兰，冥冥之中机缘巧合，我很快与库卡波罗见面，并立刻与他成为亦师亦友的终身合作伙伴。我们于1997年1月第一次见面，从此开创了“中芬合作”模式。后来，他经常说：“我们认识得有点晚啊！”中国文化实在博大精深，值得中国人和世界各国设计师深入关注和研究。我们第一次见面的时候，库卡波罗大师63岁，而当他2018年最后一次去中国时已经84岁高龄。他经常告诉我，中国的朋友圈是他人生中最宝贵的财富之一。他和伊尔梅丽一直都热爱并收藏中国古代艺术品，对中国古代的设计智慧更是兴趣盎然。

库卡波罗对中国设计文化的真知灼见时常启发和激励着我和其他中国学者与设计师，使我们一方面更珍视中国最优秀的传统文化元素，另一方面也不断学习用东西方文化比较与互鉴的思维方式审视中国传统设计文化，由此形成真正具有中国文化特色的现代设计理念。而库卡波罗的言传身教让我们明白，芬兰这个北欧小国为什么能成为我们这个时代影响世界的设计大国。

库卡波罗与中国的故事漫长而细致，他那些遍及全国各地故去或健在的朋友们都是故事中的主人公。他们与库卡波罗一道见证了中国设计与家具制造业在改革开放以来发生的巨变。1998 年春天，时任中国室内建筑师学会会长的曾坚先生和中央美术学院张世礼教授邀请库卡波罗访华。库卡波罗在清华大学和中央美术学院举办讲座，并进一步结识了清华大学周浩明教授、杭间教授和刘丽老师等中国朋友。与此同时，曾坚先生还介绍我们认识了传承中国古代木作技术的北京君馨阁负责人袁剑君先生和刘爱民女士。随后，南京林业大学《室内设计与装修》杂志社主编杨文嘉先生和张青萍教授邀请库卡波罗去南京访问。库卡波罗夫妇特别提出要乘普通火车，为的是看看中国大地的景观。在南京林业大学，库卡波罗遇到中国第一位家具设计专业博士许柏鸣教授，之后由他介绍结识上海利生办公家具有限公司董事长王五一先生，由此开始中芬家具设计与制造合作的新篇章。随后，库卡波罗应江南大学设计学院院长林家阳教授邀请去无锡。在周浩明教授陪同下，江南大学特别安排库卡波罗参观灵山大佛，半路遇到后来被库卡波罗尊称为“印大师”的无锡长泾镇的中国木匠印洪强师傅，由此开启我们延续至今的北欧设计理念与中国传统家具工艺的交流与合作。1999 年春天，南京林业大学木材工业学院院长王厚立教授盛情邀请库卡波罗和我本人作为联合国竹藤组织科研项目的设计顾问到南京、宜兴、安吉、杭州、无锡、上海和深圳等地；在南京林业大学举办学术讲座，在宜兴和安吉等地参观原始竹林；在杭州参观中国最大的合成竹材企业大庄竹业集团并结识董事长林海先生和中国工程院院士、南京林业大学的张齐生教授，从此种下未来用合成竹材进行现代家具设计的种子；去无锡与印大师再次见面并表达深入合作的意向；去上海再次见到王五一先生并参观其家具制造工厂，初步达成系统合作的意向；在深圳，经曾坚先生介绍，库卡波罗夫妇受到深圳家具协会曾国华会长和侯克鹏秘书长邀请，参加深圳香港国际家具博览会并担任评委，由此开始库卡波罗与深圳家具界的长期合作。

2000 年春天，库卡波罗夫妇再次收到来自南京、深圳和上海的邀请：在南京继续与王厚立院长展开科研项目的合作，在上海与王五一先生展开库卡波罗设计作品在中国的落地制作历程，在深圳再次担任家具博览会的评委。当然，还有每次必去的无锡长泾镇。与此同时，中南林业科技大学设计学院院长胡景初教授热情邀请库卡波罗夫妇去长沙访问，除讲座之外还安排了令库卡波罗夫妇终身难忘的张家界风景区之行。当库卡波罗站在天子山之巅俯视大山与天际之间的苍茫时，他深感中国山水景观之壮丽。2001 年，库卡波罗夫妇继续收到南京、上海、无锡和深圳相关大学、企业和政府机构的邀请，于春秋两季到访中国各地。与有关部门的设计研究、竞赛评审和家具产品制造等合作项目都在顺利进行之中，库卡波罗每年去中国已成为常态，库卡波罗夫妇也成为中芬文化交流与合作的重要大使。

2001 年春天，中国著名设计师朱小杰先生邀请库卡波罗夫妇去雁荡山一带考察中国南方民居和山水景观。朱小杰亲自开车带我们沿着美丽的楠溪江游览，沿途不时停下参观不同的村落民居。库卡波罗对民居的室内装修和中国南方的民间家具兴趣极大，拿起相机从不同角度记录下中国民间的设计故事，并对中国民居家具的多样性和因地制宜的设计手法赞不绝口。次年春天，库卡波罗又接到我父亲方柏森教授的邀请，去徽州地区参观民居并体会徽州文化的诸多细节。我们一起参观体验徽州古城、屯溪老街、潜口明代民居博物馆、唐模水村、棠樾明代牌楼群、呈坎宝纶阁等幽静雅致的民居建筑群落和徽派园林景观，一起欣赏作为京剧鼻祖之一的徽剧表演，一起近距离感受我父亲收藏的徽州古代木雕、砖雕和竹雕作品并听他详尽的讲解。库卡波罗夫妇如痴如醉地感受中国古老文化的气息，真诚地希望每年都能到中国各地古老的村镇走走看看。库卡波罗一直坚信建筑是家具设计之母。他从中国民居中看到中国古代家具的来龙去脉，深感人类文化多样性的价值和魅力。

2002 年开始，库卡波罗在中国受到更多的邀请和委托。首先，深圳市家具协会委托库卡波罗与我一道为深圳家具协会和深圳家具研发院设计办公楼和展览馆。在深圳华森建筑与工程设计顾问有限公司的配合下，我们最终完成从建筑到景观再到室内、家具和灯具的全方位设计，并于 2004 年 7 月正式投入使用。这成为中国当代建筑一体化设计和生态设计的最早实践项目。一方面，库卡波罗在现代设计教育领域的国际影响力或许让中国高校开始重视校园室内和家具的更新和品质；另一方面，他的家具设计对生态理念、人体工程学、设计经济学和设计美学的全方位思考受到中国大学的关注和喜爱。自 2001 年库卡波罗的家具设计在上海授权生产以来，北京大学、清华大学、中央美术学院、上海交通大学、同济大学、南京林业大学、江南大学、山东工艺美术学院、广东工业大学等数十所高校都在其办公室、图书馆、礼堂、音乐厅等空间大量选用库卡波罗的家具精品。这不仅从根本上改善了各种空间的品质，而且让师生对大师作品耳濡目染，达到最佳的教学效果。随着库卡波罗与国内众多高校和企业的深入合作与交流，中国设计师和用户群体对系统了解大师作品及其背景的渴望日增，许多城市和高校都开始酝酿建立库卡波罗设计艺术馆和展览馆。专门制造库卡波罗家具的上海阿旺特家具公司于 2003 年建立中国第一家库卡波罗设计艺术馆，以及展陈面积达 2000 平方米的库卡波罗家具展示厅。随后，南京林业大学、山东工艺美术学院、同济大学、江南大学、中南林业科技大学等高校陆续建成规模不等的库卡波罗设计展厅或艺术馆。2011 年，广东工业大学建立库卡波罗设计艺术馆，其艺术与设计学院的整体教学空间也以库卡波罗家具为主导元素。2013 年，深圳工业设计协会在深圳市政府主导下正式成立芬兰设计园区，其中包括库卡波罗艺术馆；而库卡波罗与我共同设计建造的深圳家具研发院大楼更是库卡波罗设计艺术的永久展厅和博物馆。在无锡长泾镇，库卡波罗与木匠印洪强二十多年的密切合作自然产生了一大批集北欧设计理念和中国传统木作工艺于一体的现代中国家具系列，尤其是合成竹家具。它们形成了一处别具特色的库卡波罗设计艺术馆，每年都吸引着中外设计师前来参观交流。2023 年新落成的库卡波罗设计艺术馆位于郑州大信博物馆群落，由中国著名企业家庞学元先生支持成立。1500 平方米的展厅里，既有库卡波罗各个时期的经典设计作品，也有这些年在中国设计并制造的合成竹现代家具。令人遗憾的是，位于郑州大信博物馆群落的库卡波罗设计艺术馆也是唯一一处库卡波罗本人没有亲自光临的展馆，好在他生前通过图片和影视节目完整地观看了他在中国这处最新的设计艺术馆。

过去 28 年，库卡波罗与中国的友情深厚，合作历程漫长，其间精彩故事无数，但我此刻应该暂时停笔，把时间留给读者去轻松阅读伊萨·库卡波罗撰写的《蓝门——库卡波罗的生活与工作》中文版。书名中的蓝门，就是库卡波罗大师近 60 年前亲自设计并制作的工作室主门，也是他每次与我们告别时的那扇蓝色的门。作者伊萨·库卡波罗是库卡波罗大师的女儿，也是芬兰知名设计师，曾多次跟随父母一起到中国各地参观。她用大量的第一手资料和库卡波罗生前的采访文字把库卡波罗这位既伟大又平凡的一代设计宗师的一生娓娓道来。她的笔法机智而幽默，充满生活细节，真切地反映了库卡波罗是如何将生活与工作融为一体从而创作出大量经典设计作品。此书的中文版由广州理工学院方滨博士主持翻译，其语言优雅，富于诗意，充分展示了原作的语言魅力。2024 年底，我带着样稿回赫尔辛基，身体虚弱、处于弥留之际的库卡波罗边翻看样稿边以他特有的谦逊和幽默说：“有点意思！”

方海

2025 年 3 月 8 日

写于赫尔辛基飞往北京的航班上

目录 CONTENTS

INTRODUCTION

缘起

2
/
3

一直计划将约里奥·库卡波罗的一生精心编织成一部扣人心弦的故事，紧密围绕他一生经历的珍贵记忆以及我们共同走过的每一个瞬间……

在日常生活中，我经常会收到各种各样的采访邀请。采访者总是对库卡波罗的童年经历充满好奇，喜欢询问那些充满欢声笑语的往事。他们也常常希望能从不同时代、不同年龄段的年轻人视角出发，详细地描绘出一个艺术家家庭的独特氛围。在这些访谈中，我有机会观察到，在众多同龄人中也有不少人选择了与我相似的职业道路。

尽管我与这些采访者家庭背景不同，从事着不同的艺术领域，但我们的记忆中却有着许多惊人的共同点。这不仅仅在于我们对艺术的热爱，更在于我们共同继承了那种充满创造力、快乐和热情的精神。这种精神似乎是 20 世纪 50 年代年轻艺术家家庭所共有的特征，它仿佛一种时代的印记，深深地烙印在我们的童年记忆中。

而当我阅读或听到其他人的叙述时，却发现了一个截然不同的 20 世纪 50 年代末的赫尔辛基及当时的世界。在采访者的描述中，那个时代的赫尔辛基似乎是一个陷入困境、暗淡无光的城市。他们描绘的街头景象中，常常可以看到那些在战争中遭受苦难的男性，他们的脸上写满了沧桑和痛苦。尽管这些描述源于真实的历史背景，但并非我记忆中的景象。

在我的记忆里，赫尔辛基是一个充满活力和希望的城市。尽管当时战争的阴影依然笼罩着整个国家，但我的童年却是在一个充满爱与温暖的家庭中度过的。我的父母和其他艺术家家庭的父母一样，总是用他们的创造力和热情感染着我，让我在艺术的熏陶下茁壮成长。

当年轻夫妇约里奥和伊尔梅丽决定组建自己的家庭时，他们明确地制定了一系列家庭规则。他们当时两手空空，没有任何物质基础，这反而给了他们一个创造完全属于自己的家的独特机会。约里奥充分发挥了他的创造力和手工技能，亲自制作了家中的所有家具。这使他们的家与我那些同学的家截然不同，家具并非直接从商店购买，或是由前几代人传下来。约里奥和伊尔梅丽的家充满了个性，每一件家具都浸满了他们的汗水和心血，每一件作品都反映了他们的品位和对生活的热爱。这种亲手打造的家居环境，不仅为他们提供了一个温馨舒适的居住空间，也成为他们的共同回忆和情感的安放处。

我的父母都曾经亲身经历过那场动荡的第二次世界大战。我的母亲伊尔梅丽，她的家庭随着战争的推进和部队的迁移，家中的孩子们常会感到居无定所，但却展现出惊人的适应能力。无论住在公寓、帐篷还是独立的房屋中，他们都欣然接受。而我的父亲约里奥，他的童年生活充满了谦逊和自力更生的精神。在那个年代，画框、衣服、菜园，甚至他的自行车，几乎都是他自己动手制作的。他们的成长背景使他们很容易在同龄人中脱颖而出，因为他们的那些同学大都在城镇中长大，接受着家庭提供的书本知识，但时常缺乏实际生活知识。

1955 年，约里奥・库卡波罗缓缓拉开了他那设计师生涯的序幕，那时他还只是赫尔辛基艺术与设计学院里一名怀揣梦想的学生。这所孕育了无数创意与灵感的殿堂，不仅为他铺设了通往设计巅峰的道路，更让他有幸与一群志同道合、才华横溢的同学并肩前行，他们的名字如今已响彻全球设计界。在那个充满激情与探索的年代，奥伊瓦・托伊卡（Oiva Toikka）、里特瓦・普奥蒂拉（Ritva Puotila）、安蒂与沃科・诺米斯奈米（Antti and Vuokko Nurmesniemi）夫妇、艾洛・阿尼奥（Eero Aarnio）等顶级设计师，共同在知识的海洋中遨游，彼此间的友谊与竞争如同催化剂，不断激发着他们的创造力与灵感。这些未来的设计巨匠在学习与生活中相互启发，也都曾与伊尔梅丽和约里奥同窗数载。他们深厚的求学情谊，不仅为其个人的成功奠定了坚实的基础，更为芬兰设计界注入了源源不断的活力与创意。

约里奥・库卡波罗的职业生涯和生活是否受到其有意识选择的明确指引？

这是一个值得探讨的问题。在此过程中，诸多看似偶然的巧合实则为其道路增添了诸多曲折与变数。值得注意的是，曾执教于科尔佩拉小学，恰好位于约里奥・库卡波罗的出生地奥蒂奥村附近的卡累利阿地区的知名作家伊里斯・凯哈里（Iiris Kähäri），有句名言“你由你选择的道路所决定”。在某种程度上，这映射出 20 世纪 50 年代众多设计师的境遇。试想如果约里奥・库卡波罗未曾因故错过参加艺术与设计学校的入学考试，那么他是否会踏上一段截然不同的职业道路？而图苏拉家族若未保留其谷仓，那么库卡波罗先生或许就无缘在那片土地上建起他标志性的工作室。又或者，假设 1964 年，那位来自库奥皮奥（Kuopio）的牙医未曾到访赫尔辛基，那么卡路赛利（Karuselli）椅这一设计杰作是否还能如此广受欢迎，成为时代的符号？

这本书讲述了一段引人入胜的故事，讲述了一位淡泊名利者的艺术人生。约里奥，这位设计界举世闻名的杰出人物，尽管取得了辉煌的成就，却始终保持着难能可贵的谦逊之心。在与人交往的过程中，他始终坚持将个人品质作为衡量他人的标尺，并展现出独特的人格魅力。他无法容忍自我吹嘘的浮夸之风，而总能以宽广的胸怀倾听他人的声音并与之交流，即便面对备受争议的人物也不例外。在 2017 年芬兰国家奖颁奖典礼上，约里奥与饱受公众非议的文化部长桑波・泰尔霍（Sampo Terho）并肩而坐，这一场景至今仍让人难以忘怀。我曾好奇地问父亲对这位部长的看法，而他则以独特的洞察力，给予桑波・泰尔霍高度评价："文化部长桑波・泰尔霍是位谦逊且令人感到愉悦的绅士。"这简短而深刻的话语，不仅体现了约里奥对他人的尊重与理解，也尽显了他非凡的人格魅力。父亲的生活与工作仿佛构成了一个完美的循环，充满了无尽的智慧与创造力。他那份对生活的热爱与对工作的执着数十年来却从未减退。在无数个不眠之夜，他的脑海中总是充满了奇思妙想，那些栩栩如生的三维图像在他的脑中不断地涌现、成形。而这些宝贵的想法，往往会在一位得力助手的帮助下，转化为现实中的精美图画。

这本书同样与我的母亲伊尔梅丽联系密切，尽管并非直接而显见。伊尔梅丽，一位才华横溢的画家与平面艺术家，她那自由奔放的想象力与设计语言，长久以来，为他带来了长达 68 年的灵感源泉。约里奥曾深情地向妻子致敬道："伊尔梅丽对于色彩与形式的感知，总是有一种坚定且不容妥协的态度。试想，若她只会画可爱的猫咪肖像，我又将如何自处，又将如何被她那独特的艺术魅力所影响？"

回溯至 1955 年，伊尔梅丽以她那细腻的感触，撰写了童话《石头与海边男孩》，故事的结尾是一首寓意深远的诗。诗中沉默的石头向海边男孩轻声细语，提醒着他梦想的重要性与力量。而那片绿色的海洋之梦，最终也以一种难以言喻的方式得以实现——生活，同样以它独有的方式，回应了那份执着与追求。

注：关于约里奥・库卡波罗的称呼，中国设计界惯于简称为库卡波罗。文中作者撰写时，在作为家人时，常称为约里奥；在对外正式场合时，常称为库卡波罗；有时也混用，表示不同含义。本书中保留了作者原文的用法。

6
/
7

请超越自身
感受太阳的无限
摇动着绿色的海洋靠岸
拥抱海洋入怀

不要让你的思绪束缚自己
我们梦想中的绿色海洋更自由
跳脱石头和沙子的羁绊
去拥抱海洋

将你的思绪延至世界

回到我们在一起的那个夏天
去绿色海岸上继续梦想

——伊尔梅丽·库卡波罗，1955 年

家事

ROOTS

约里奥的祖父因命运的偶然转折而成为了芬兰人

爱沙尼亚籍的雅各布·布隆巴赫（Estonian Jakob Blumbach，1875—1927 年），在 1897 年不幸被征召入俄国沙皇军队，在维堡（芬兰大公国第三大城市）[1] 履行其军事职责。他离开了位于塔尔图（现爱沙尼亚）附近伊马韦雷庄园的林务员家庭，历经三年的军旅生涯后，幸运地重返故土，继续在原岗位上勤勉工作。雅各布展现出了卓越的工作能力和多样的技能，他曾在阿尔夫坦家族的科尔佩拉庄园担任技术工人，也曾在约翰内斯的罗卡拉玻璃工厂担任过制革工和木工等职务。在奥蒂奥（Autio）村，他邂逅了命中注定的伴侣——农民之女伊丽莎白·佩卡宁（Elisabeth Pekkanen），两人携手步入婚姻的殿堂。他们的爱情结晶，第一个孩子玛塔，于 1906 年来到这个世界。然而，当世界大战的阴云笼罩大地时，雅各布面临着前所未有的困境。由于他曾为俄军服役，他的生命安全受到了严重威胁。在这紧要关头，他做出了一个大胆的决定，利用战时的混乱局势避开赶赴前线的部队。据家族流传的故事，雅各布在军队列车抵达圣彼得堡前毅然跳下疾驰的火车，躲进了卡累利阿的茂密森林中，度过了一段提心吊胆的日子。每当夜幕降临，他便悄悄返回家中，与亲人团聚。每当黎明前的寂静时刻，他便骑马离开。他走前，孩子们都会被唤醒，兴奋地欢送他们英勇归来的父亲。

繁华喧嚣的都市丛林，可以使人毫不费力地融入其中。然而，雅各布，这位在建筑工地上默默无闻、辛勤耕耘的工人，在政治局势日益紧张的关头，却做出了一个不同寻常的决定——他毅然决然地踏上归途，回到宁静祥和的奥蒂奥。在 1917 年那场席卷全球、震撼人心的俄国革命风暴中，命运眷顾了雅各布，使他幸运地成了芬兰独立[2] 后的一名公民。

雅各布·布隆巴赫（Jakob Blumbach），这位体态轻盈、行动敏捷的绅士，与伊丽莎白携手孕育了五位子女。然而，命运多舛，其中两位可爱的小天使未能见证世间的繁华，便遗憾地离开了人世。尽管如此，另外三位子女玛塔（Martta）、埃里克（Eerik）和玛蕾（Maire）在芬兰

---

[1] 芬兰大公国：芬兰历史上的一个国家，1809—1917 年，附属于俄罗斯帝国。维堡：现属俄罗斯领土——编者注。

[2] 1917 年 12 月 6 日，芬兰结束了自 1809 年被沙皇俄国兼并后的统治，正式宣布独立——编者注。

这片广袤而自由的土地上，依然享受着充实且幸福的生活。

尽管雅各布未曾受过系统的教育，但他却拥有一双巧夺天工的手，技艺超群。在奥蒂奥的中心地带，他凭借着坚韧不拔的努力和超乎寻常的想象力，亲手打造了一座充满温情的家园。作为一位深深热爱玫瑰、慈爱有加的父亲，他 52 岁时安然地离开了这个世界。然而，在他生命的最后阶段，他无私地将自己多年锤炼的精湛工匠技艺传授给了儿子埃里克，使得这份宝贵的技能和才智得以薪火相传，延续至今。

伊娃和埃里克

埃里克·布隆巴赫在维堡的一所绘画学校学习了整整一年，不幸的是，就在他求学期间，他的父亲雅各布去世了。这一变故迫使他在 22 岁的年纪就不得不放弃学业，承担起家庭的重担，成为家中的顶梁柱。

身材矮小、拥有一双明亮蓝眼睛的埃里克，除了对绘画有着浓厚的兴趣外，他还是塔利卡拉体操队的一员，展现出了他多才多艺的一面。此外，他还具备制造船只的技能，这项技能无疑为他的人生增添了更多的色彩。

更令人钦佩的是，埃里克还涉足摄影领域。他用手中的相机和数百张玻璃底片，细腻地捕捉并记录了在奥蒂奥地区生活的点滴。这些珍贵的影像资料，无疑为我们了解那个时代、那个地区提供了宝贵的视角和窗口。

埃里克的胞妹玛蕾有一位同窗，名为伊娃·瓦塔宁（Eeva Vatanen），她与布隆巴赫家族的所有子女均建立了深厚的友情。随着时间的推移，这份友情在伊娃与玛蕾兄长之间逐渐升华为恋情。1931 年，在奥蒂奥的一片绿意盎然的草地上，靠近一条名为“唠叨”（Babbler〈Hörhöttäjä〉）的狭窄小河旁，一块大石头见证了伊娃与埃里克的订婚仪式。彼时，年仅 17 岁的伊娃在维堡师从一位犹太裁缝，她不仅掌握了交叉双腿端坐于桌上缝纫的技艺，还学会了制作精致纽扣孔以及无须图纸即可精准剪裁布料的高超技巧。

伊娃展现出了超群的空间感知能力，宛如一位技艺高超的裁剪大师。她以沉稳的姿态握起那支尖细的白色裁缝粉笔，借助精确的卷尺进行定位，随后在布料上勾勒出流畅而清晰的线条。

伊娃和埃里克·布隆巴赫

随着她灵活地挥动大剪刀，布料被迅速而精准地裁剪开来。在模特身上，她巧妙地构建出服装的轮廓，展现出卓越的技艺与创造力。这一幕深深吸引了小约里奥的目光，他母亲的精湛技艺不仅为他树立了崇高的榜样，更强烈地激发了他内心成为设计师的梦想。

这是个男孩

9 个月大的约里奥

埃里克与伊娃的基因，在命运的交织下，完美地融合在了他们家族的长子——约里奥的身上。这一幕发生在 1933 年的一个不寻常的日子，即 4 月 6 日。那是一个春寒料峭的星期四，寒风依然在维堡南部的奥蒂奥小镇上空呼啸，在这个充满历史气息的小镇上，一个新的生命悄然降临。他就是约里奥，带着父母埃里克与伊娃的期望与梦想来到了这个世界。村里的助产士以她那熟练而温柔的手法，帮助这位年轻的、初为人母的母亲顺利完成这一神圣的使命。而在房间的角落里，助产士的小女儿静静地坐着，她默默地看着这一切，并且印象深刻。

数十年岁月流转后的一天，在奥蒂奥农民协会那庄重而肃穆的会议厅内，一位满头银丝的老妪以柔和而细腻的嗓音，缓缓揭开了一个深藏已久的秘密："约里奥，你是否有印象？在你初临人世的那一刹那，我便静静地守候在旁。"这轻轻一语，如同清泉入口，瞬间瓦解了关于约里奥诞生于桑拿房内的种种神秘传闻，却也在同一瞬间，为我们勾勒出卡累利阿村庄那温暖而真实的日常生活画卷。拥抱生活的真实与质朴，这正是奥蒂奥人世代传承的生活场景。

不久，另外两位千金——凯佳（Kaija，1934 年生）与紧随其后、于 1936 年降临人世的玛雅塔（Marjatta）——在维堡医院相继迎来了她们生命的曙光。这个洋溢着温情的家庭，从布隆巴赫的寓所迁往了伊娃双亲的宅邸，一座紧邻风光旖旎的唠叨河畔的居所。那里为他们揭开了新生活的序幕。随后，他们作出了迁居维堡的抉择，这座曾经芬兰大公国第三大都市的繁华之地，成为伊娃与埃里克职业生涯的启航点。在那段宁静祥和的时光里，未来的风云变幻尚未显露出一丝一毫的征兆。

那时的岁月一直平稳，埃里克在伊马特拉市的鲁波宁（Ruponen）公共汽车公司——为"鲁波宁·布朗"（Ruponen Brown）形象担任画师多年。这家公司的布朗号公共汽车在维堡与萨翁林纳、约恩苏以及卡累利阿地峡东南部的广袤土地上穿梭不息。然而，随着公司业务版图的不断拓展，工作量也日益繁重。埃里克在伊马特拉与维堡之间频繁往返，逐渐感到力不从心，难以承受日益增长的工作和生活压力。1936年，雅各布爷爷的辞世成为一个重要的转折点。经过深思熟虑，家人一致决定迁往伊马特拉，以便离埃里克的工作地点更为接近。伊娃，这位技艺超群的裁缝，她的手艺在各地始终深受欢迎。在搬迁的那一天，家中的孩子们、伊丽莎白奶奶，以及埃里克珍藏的玻璃底片，都被细心地安置在车上，满载着全家对未来生活的美好憧憬与热切期待。然而，命运却如此弄人，他们未曾预见到，这一离别竟成为永远的离开，自那之后，便再也没有回到奥蒂奥。

约里奥对他出生地的回忆中，仅有一个画面异常清晰。那是在他两岁的时候，他与父亲在一条幽静的林间小道，他安稳地坐在自行车后座上，感受着微风拂面。父亲略显担忧地轻声问道："你不会从自行车上滑下去吧?"小男孩用他那稚嫩却坚定的声音回答："当然不会。"然而，话音尚未消散于风中，他便出乎意料地失去平衡，从车上滑落下来。

约里奥的太阳穴上，那道因撞击而留下的疤痕至今依旧清晰可见。

埃里克所拍摄的珍贵玻璃底片，在20世纪50年代得到了巧妙使用。在伊马特拉一座房屋的院落内，这些玻璃底片转化为了一种新型"建材"，成为构筑一座大棚穹顶的材料。此举令人不禁感叹，竟有如此文化珍品被如此"牺牲"，仅仅为了庇护那满园黄瓜的勃勃生机。

奥蒂奥

维堡周边地区自古以来便是人类繁衍生息的沃土，其丰富的自然资源与独特的地理位置相辅相成。这里紧邻宁静的湖泊与浩瀚的波罗的海，不仅自然风光旖旎，还因其优越的地理位置而深受圣彼得堡的文化影响。这一得天独厚的条件，奠定了维堡周边地区迅猛发展的坚实基础。

奥蒂奥的起源悠久，可追溯到1913年，那时这里已经正式拥有了购置土地的批准权。在这片肥沃的库佩拉（Korpela）庄园上，勤劳的耕耘者们，与后来从维堡地区迁徙而来的居民们共同编织了一个紧密相连的社区网络。

到了1915年，村民们齐心协力，共同成立了一个农民协会。该协会不仅配备了诸如犁具、播种机等关键的农业工具，还大力倡导社区成

随着伊娃灵活地
挥动大剪刀，
布料被迅速而精准地裁剪开来。
这一幕深深吸引了小约里奥的目光，
母亲的精湛技艺不仅
为他树立了崇高的榜样，
更强烈地激发了他内心成为设计师的
梦想。

员之间的紧密合作与资源共享理念，旨在确保这些宝贵的资源能够得到最大程度的利用与发挥。

约里奥的祖母伊丽莎白所居住的宅院，是该地域内历史最为久远的建筑物之一，承载着当地岁月的痕迹。在这片肥沃的佩卡拉（Pekkala）土地上，矗立着一座古朴典雅的老式谷仓，它不仅是土地的守望者，更是昔日繁荣农场的辉煌见证。而奥蒂奥，这个位于维堡以南 20 公里处的繁华农业社区，在 1933 年约里奥出生前后，已然是一个汇聚了约 30 户温馨家庭的村落。村庄四周，绿意盎然的田野如画卷般铺展，给这片土地披上了生机勃勃的外衣。一条宽阔的道路贯穿整个村落，它不仅是一条实际上的通道，更是连接奥蒂奥与外界的桥梁，寄予着人们的希望与梦想。无论是乘坐便捷的公共汽车，驾驶舒适的私家车，还是选择低碳环保的自行车，甚至是策马驰骋于乡间小道，都能轻松抵达维堡，感受城市的脉动。奥蒂奥的经济命脉就深植于那片肥沃的土地之中，其自给自足的农业体系是社区繁荣的基石。在这片充满希望的土地上，人们用勤劳与智慧书写着属于自己的故事，共同绘制了奥蒂奥的美好未来。

村民积极尝试种植甜菜作物，旨在提高生产生活质量。在粮食生产上，他们专注于燕麦、大麦及小麦的种植，以确保满足村民的基本食物需求。此外，村庄内设有正规的小学教育机构，1936—1939 年，该校的主要老师是杰出的青年作家艾里斯·伊亚斯（Iiris Ijäs），随后由凯哈里（Kähäri）接任。艾里斯女士的作品深刻而细腻地反映了奥蒂奥与维堡周边地区的日常生活面貌，展现了其卓越的文学造诣。

出生在奥蒂奥地区的室内设计师埃伊诺·克米宁（Eino Kerminen），曾高度赞扬艾丽斯（艾里斯的另一译名）女士，认为她不仅才华横溢，更兼备温柔与美丽的品质。鉴于此，我们诚挚地表达对这位杰出教育工作者的崇高敬意与美好祝愿。

奥蒂奥有一家杂货铺，由约里奥的姑姑玛蕾及其丈夫艾诺·贾蒂宁（Eino Jaatinen）共同经营。贾蒂宁先生因其特别的娱乐方式而闻名，他巧妙地将自己的猎狼犬泰拉绑在滑雪板上，当作大家在雪地中自由穿梭的伙伴，这一冬季滑雪活动中展现出的巧妙创意，赢得了当地孩子们的高度评价。贾蒂宁先生的子女，艾拉·玛丽亚（Aira-Marja）与约尔马（Jorma），是约里奥的堂亲和童年玩伴。这家杂货铺坐落于布隆巴赫祖父的故居之中，那里也是约里奥生活旅程的起点。

约里奥自幼便对乡村田园风光中的建筑美学怀有深厚情感。每当他谈及职业生涯中的灵感源泉，他总会以一张摄于18世纪的比蒂诺萨（Pertinotsa）乡村屋舍的照片作为引子。这张照片中的房屋，原位于卡累利阿半岛的索贾维（Suojärvi），后经多次搬迁，落户于赫尔辛基的苏拉萨里（Seurasaari）户外博物馆，成为一道别具风情的景致。此屋不仅触动了约里奥对故土的深深怀念，更让他联想到祖母的佩卡拉小屋，那里同样洋溢着质朴与雅致的氛围。小屋内的每件物品，无不彰显着手工艺人的精湛技艺与独特匠心，即便是男主人用餐后随意搁置在木墙缝隙中的木质汤匙，也仿佛凝固了时间的流转，让人感受到一种宁静而悠闲的美。

在约里奥的童年记忆中，奥蒂奥留给他的是一幅如诗如画的田园风光。他得到了无微不至的关怀，慈爱的祖母常常陪伴他嬉戏，还会背着他四处走动。

他家坐落在连绵起伏的美丽小山之中，四周被自然风光环抱。庭院边缘，一条清澈见底的狭窄小溪潺潺流过，溪上横跨着一座古朴的小桥，为这静谧的景致增添了几分雅致。约里奥的童年生活丰富多彩，他有着无尽的探索与尝试的机会，自幼便对钉钉子、搭积木和削木头等手工活动充满了浓厚的兴趣。他深情地描绘着那段时光，称之为完美且充满欢乐的日子。

充满活力的奥蒂奥

奥蒂奥，深嵌于维堡教区的温馨腹地，其历史可追溯至1918年，彼时，它仍是芬兰境内惹人关注、人口密集的地区。在这片充满活力与机遇的沃土之上，工作机会遍布各处，足以承载每一位勤勉追梦者的致富渴望。当地企业如雨后春笋般迅速崛起，业务范畴广泛而多元，有砖瓦与玻璃制造厂、一家金属铸造厂区、一处木工坊、一家土豆面粉加工厂、一家木棉生产基地，加之五座持续运转的高效水力发电厂，共同绘制了一幅该地区经济繁荣、活力四射、奋发崛起的图景。

这里捕鱼业极具优势，维堡湾内七艘汽船穿梭其间，不仅承载着游客的欢声笑语，还运输着各类货物。维堡周边教育资源丰富，各类学校及高等教育机构一应俱全。然而，乡村的教育资源相对有限，以小学为主。

文化与经济携手并进，共同成就了维堡地区的辉煌与繁荣。这座城市不仅为居民们铺设了高效便捷的交通网络，还提供了周全细致的维护服务，特别是其垃圾处理系统，凭借卓越的效率和充足的劳动力支持，赢得了“黄金运输”的美誉。与此同时，奥蒂奥社区则是活力四射的代名词，合唱团、戏剧俱乐部及青年团体等组织如雨后春笋般涌现，其中田径运动更是深受社区居民喜爱，成为他们热衷的健身方式。这里的年轻人，不仅富有创意，也心怀冒险冲动，常常在夜晚将派对服装巧妙地藏匿于睡衣之下，顺着窗户悄然溜出，前往附近的伊拉索梅（Ylä-Somme）或其他地方，尽情释放青春的激情与活力，在舞池中肆意舞动。这样的场景，不仅存在于现实之中，也被农家女子克尔斯蒂·瓦伊尼卡（Kirsti Vainikka）以细腻的笔触一一记录在日记之中。然而，这份宁静而美好的生活画卷，却在第二次世界大战中芬兰与苏联的战争炮火中被无情地撕裂。战争的阴霾笼罩了这片土地，曾经的繁荣与安宁一去不复返。

1939年，灾难的阴影还是笼罩了这里。众多史料均详细记录了这一时刻，当战火即将蔓延至他们的故乡时，当地居民不得不踏上逃离的征途。与卡累利阿半岛上数百万民众一样，那些渴望回归奥蒂奥的人们，在1944年遭遇了无法抗拒的命运，被迫永远地告别了他们的故土。

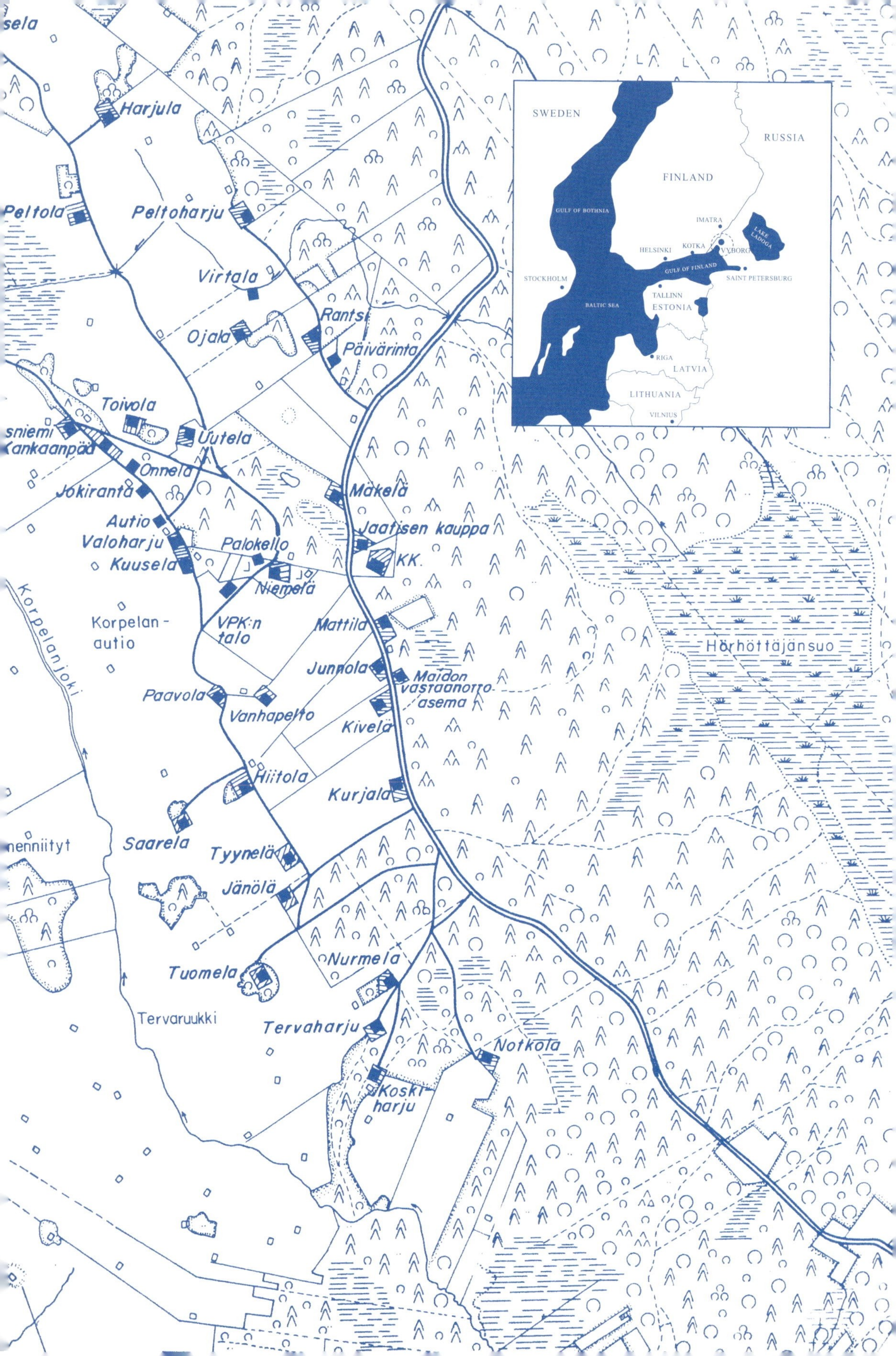

sela
Harjula
Peltola
Peltoharju
Virtala
Ojala
Rantsi
Päivärinta
Toivola
sniemi
Kankaanpää
Uutela
Onnela
Jokiranta
Autio
Valoharju
Kuusela
Palokello
Niemelä
Mäkelä
Jaatisen kauppa
KK.
Korpelan-
autio
Korpelanjoki
VPK:n
talo
Mattila
Junnola
Maidon
vastaanotto-
asema
Kivelä
Paavola
Vanhapelto
Hiitola
Kurjala
Saarela
nenniityt
Tyynelä
Jänölä
Nurmela
Tuomela
Tervaruukki
Tervaharju
Notkola
Koski-
harju
Hörhöttäjänsuo

SWEDEN
RUSSIA
FINLAND
GULF OF BOTHNIA
IMATRA
LAKE LADOGA
HELSINKI
KOTKA
VYBORG
STOCKHOLM
GULF OF FINLAND
SAINT PETERSBURG
TALLINN
BALTIC SEA
ESTONIA
RIGA
LATVIA
LITHUANIA
VILNIUS

离开奥蒂奥

这片隐匿于森林腹地的村落，如今仿佛只是葱葱绿意中的一片草地树丛，并不引人注目。穿过村庄的，仍是那条尘土漫天、逼仄狭窄的小径，它如同一位沉默的看客，见证了往昔村民们匆匆踏上前往维堡的征途，他们心中满载着对未来的无限憧憬与热切期望。在这片承载着厚重历史的土地上，唯有那所学校的残垣断壁依然静静矗立，成为过往时光里不可磨灭的印记。奥蒂奥农民协会，这一承载着丰富历史记忆的组织，时至今日，仍由当年奥蒂奥疏散者的后裔们细心呵护，代代相传。该协会自 1948 年起，在维赫蒂（Vihti）地区重获新生，绽放出新的活力。而约里奥・库卡波罗先生，因其杰出的贡献与卓越的成就，被授予了名誉会员的崇高荣誉，他的名字与事迹，一直并将继续镌刻在协会的光辉史册之中。

在炎炎夏日踏上归乡之路时，人们罕见地目睹了人们与故乡深情而漫长的告别仪式。尽管这种别离充满了无尽的眷恋与不舍。

1938—1954 年在芬兰伊马特拉（IMATRA）长大

布隆巴赫一家人这时已离开了他们在维堡的宁静居所，步入战时的纷扰世界。伊马特拉，这个全新的环境，要求他们重新适应其独特的生活节奏。这里的社会生活同样丰富多彩，既有恩索古泽特（Enso Gutzeit）纸浆厂的繁忙生产，也有伊莫拉空军基地的紧张训练，还有伊马特拉河上水电站的稳定供电，以及豪华城堡酒店的悠闲旅游，共同编织出一幅有趣的社会图景。

伊马特拉，因其空军基地与工业发展的核心地位，不幸成为战略地图上的重要坐标。它紧邻苏联边界的地理位置，使得当地居民直接暴露于战争带来的重重压力与不利影响之下。在战争的狂潮中，伊马特拉的居民不得不经历三次大迁徙，以逃避战火的无情吞噬，但即便如此，他们的生活依然坚韧不拔地继续着。1941 年，约里奥一家在颠沛流离的迁徙途中，迎来了一个新生命的加入——女儿特图（Terttu）在前往里斯蒂纳的途中呱呱坠地，为这个充满艰辛的旅程带来了一抹难得的幸福与希望。而约里奥心中始终萦绕不去的，是与祖母伊丽莎白一同蜷缩在沟壑深处，躲避轰炸机轰鸣的恐怖记忆，那些轰炸机如同死神的阴影，

←
波罗的海区域的赫尔辛基地图

无情地在四周的田野上投下死神的种子。这段经历，成为约里奥心中难以磨灭的印记，也是无数同代人共有的痛苦记忆。

时至 2017 年，室内设计师皮尔科·斯滕罗斯（Pirkko Stenros）在一次访谈中，也敞开了自己的心扉，分享了一段几乎与约里奥一模一样的童年阴霾，让人们对战争的残酷性有了更为深刻的体会。

布隆巴赫家族出于对孩子们安全的深切考虑，决定送她们前往瑞典或丹麦。在 1942 年的一个清晨，伊娃·库卡波罗与她的孩子们站在赫尔辛基火车站，孩子们的胸前挂着写有地址和联系信息的小牌子。玛雅塔和凯佳带着欢笑，迫不及待地跳上了火车，而约里奥却陷入了沉思，最终决定留下。“我不希望他不快乐。”伊娃当时温柔地想。这样的决定，对任何一位母亲来说都是沉重的压力。女儿们踏上了前往丹麦的旅程，而伊娃则与儿子回到了伊马特拉。一年多的时间转瞬即逝，当女儿们再次回到家中时，她们已经深深融入了丹麦的文化，但内心的伤痛却逐渐浮现。两姐妹都表达了希望由丹麦家庭收养的愿望，因为在那里，她们找到了真正的归属感。玛雅塔更是坦言，丹麦的家比原来的家更加温馨。1948 年，家族中迎来了新的生命——小佩尔蒂（Pertti）的诞生。他为这个经历了风雨的家庭带来了新的希望和喜悦。

战争的硝烟已散，卡累利阿的土地已由两个国家[1]分隔，但生活还在继续。

南卡累利阿的生活

不久之后，拉彼兰塔（Lappeenranta），这座与伊马特拉紧密相连的姐妹城市，悄然渗透进布隆巴赫家的日常生活，成为他们生活中联系紧密、至关重要的一章。因为埃里克的姐姐玛蕾（Maire）和她的家人从奥蒂奥搬到了拉彼兰塔。在镇中心拉特苏卡图（Ratsukatu）的宽阔街道上，矗立着一栋专为退伍军人设计建造的新居。玛蕾作为伊娃的挚友，两人情谊深厚。两家人常常相聚，共享美好时光。同时，约里奥也更加熟识了他的表兄弟姐妹约尔玛（Jorma）和玛丽亚（Marja），三人成为无话不谈的好友。约尔玛仅比约里奥年长一岁，因此这两位少年仿佛亲兄弟般亲密无间。他的姨妈，是一位充满激情的园艺大师。在她精心照

[1] 芬兰与俄罗斯——编者注。

料的小花园中，密布着繁茂的浆果丛、挺拔的苹果树、郁郁葱葱的大黄植株、鲜美可口的草莓，以及五彩斑斓的花朵。每当夏日来临，这里便化身为一个迷人的秘密花园，让人忘却尘世的烦恼，沉醉其中。房屋温馨宜人，楼上那条吱嘎作响的木楼梯，在炎炎夏日为男孩子们提供了一个避暑的休憩之所。约里奥与约尔玛几乎形影不离，既能制造乐趣，又能享受彼此的陪伴。然而，1946 年，这个家庭遭遇了沉重的打击。年仅 17 岁的约尔玛受脑膜炎的阴影笼罩，而芬兰正深陷这场流行病的肆虐之中。更糟糕的是，由于战争的爆发，青霉素这一救命良药被迫停滞生产。尽管猎户（Orion）公司已向拉彼兰塔中央医院紧急订购了药物，但遗憾的是，当药物送达时，约尔玛的生命之火已在前一夜悄然熄灭。

悲伤之情，难以用言语形容。然而，在社区互助的浓厚氛围中，他们和卡累利阿人民共同以豁达的心态面对一切，生活依然需要坚定地向前迈进。表姐玛丽亚凭借她的勤奋与毅力，成为家族成员中首位毕业于文法学校的人。玛蕾与伊娃之间的深厚友谊，以及她们在日常生活技艺上的相互学习与交流，或许至今仍在持续，因为她们已经勇敢地穿越了生死的界限，踏入了一个新的宇宙时空。

从布隆巴赫到库卡波罗

自 1940 年踏入小学门槛起，约里奥的家庭便悄然展现出其芬兰文化深层的底色。然而，一个令人遗憾的细节是，学校的老师们未能准确拼写其家族的姓氏——布隆巴赫，错将其扭曲为卢帕（Lumpa）。这一误会悄然揭示了当时人们对于文化多样性理解的局限性。

对于埃里克而言，频繁遭遇姓氏被误写的困扰，无疑非常郁闷。为了彻底解决这一问题，他特意造访了多位资深语言学家，以寻求关于其姓氏如何精确转换为芬兰语的宝贵建议。恰在此时，一位精通德语的好友给出了一个别出心裁的提议——将姓氏译为“花溪”，即库卡波罗！埃里克一家欣然采纳了这一独特且富有诗意的译法，他们因此成为拥有这一新颖姓氏的唯一家庭。尽管在芬兰，库卡波罗这一姓氏显得别具一格，但所有家族成员之间却因这份独特性而保持着一种紧密而特殊的联系。

在伊马特拉地区，当时的阶级分化依然显著，呈现出明显的界限。从政治立场的演变来看，库卡波罗家族正逐步向中左翼的政治阵营转移。值得注意的是，无产阶级的身份并非一成不变，不应被视为不可逆转的命运。约里奥曾试图通过参与童子军活动来融入更广泛的社群，其初衷仅源自同窗间对于该活动的浓厚兴趣。然而遗憾的是，作为工人家庭出身的他并未能成功融入其中。这一经历，在他成年后的生活中，似乎仍留下了深刻的烙印，成为他个人历程中的一段难忘的隐隐作痛的记忆。与此同时，尽管维堡地区自由主义思潮盛行，其影响力却未能充分渗透到伊马特拉的每一个角落，面临重重障碍。在此情境下，伊马特拉地区的绅士阶层与工人阶层之间的对立关系依然鲜明而深刻。这种社会结构的固化现象，无疑对该地区的整体发展构成一定制约。

年轻的艺术家

约里奥，这位身形瘦削却体格健壮的青年才俊，自幼便展现出与众不同的活力与天赋。在青春期的洗礼下，这位继承了卡累利阿血统、身材健硕且充满运动细胞的少年，迅速成长为一名接近六英尺[1]高的撑杆跳高健将与自行车骑手。在校园生活中，尽管他的学业成绩并非出类拔萃，对文学、语言及阅读的热情也略显平淡，但他在空间感知方面的卓越能力却令人瞩目，对物理与天文学更是情有独钟。

面对父母期望其投身教育事业的愿望，约里奥的音乐才华——尤其是那并不足以胜任小学教学任务的歌唱之声——似乎并未成为他职业道路上的助力。与此同时，自幼年起，他便在雕刻艺术上展现出了出众的才华，从最初雕刻猫、马、狗等动物形象，到后来雕刻愈发复杂的人物形象，无不彰显着他对这门艺术的热爱与执着。此外，约里奥还擅长绘画，无论是细腻的花卉还是壮丽的风景，在他的笔下都能描绘得栩栩如生。他甚至亲自为这些作品制作了精美的镀金石膏框架，并成功售出了部分作品，赢得了当地人的认可。

19 岁的约里奥

不仅如此，约里奥还热衷于动手制作物品，组装卡丁车与自行车更是他的拿手好戏。尤为值得一提的是，他 1953 年创作的一幅油画，以穿着袜子的小弟弟为题材，不仅生动地捕捉了童年的温馨瞬间，更深刻地展现了他作为一位艺术家所蕴含的无限潜力与创造力。

在米凯利要塞卫戍部队服完兵役之后，约里奥满怀热忱地提交了申

[1] 约 1.83 米——编者注。

自幼年起，
他便在雕刻艺术上
展现出了出众的才华，
从最初雕刻猫、马、狗等动物形象，
到后来雕刻愈发复杂的
人物形象

请，希望能够成为享有盛誉的伊马特拉艺术协会绘画学校的一员。这所学校自 1952 年起便如同艺术殿堂一般，为无数艺术追梦者点亮了前行的灯塔。在伊马特拉艺术协会绘画学校的课堂中，约里奥有幸得到了来自维堡、才华横溢的画家恩托·普萨（Unto Pusa）的悉心指导。普萨先生以其深厚的艺术造诣与敏锐的艺术洞察力，不仅向约里奥传授了绘画的手法，还敏锐地发现了他在平面设计领域的潜在天赋，并热情地推荐他前往阿泰努姆（Ateneum）学校深造，期望他能在这一领域绽放更加璀璨的光芒。面对这一重要的人生抉择，约里奥毅然决定申请这所赫尔辛基的艺术学校，向更高的艺术殿堂发起挑战。他的这一决定，展现出了他对艺术的无限热爱与执着追求，更体现出了他勇于挑战自我、不断突破极限的坚韧品质。而对于约里奥的这一决定，他的家庭，特别是他的父亲埃里克，表现出了无比的骄傲与坚定的支持。他们深知，艺术之路虽然充满艰辛与挑战，但只要心怀梦想、勇往直前，就一定能够收获属于自己的辉煌与荣耀。

←
伊娃和埃里克在维堡。
相亲相爱的父母

→
9 个月大的约里奥，
被束缚在椅子上

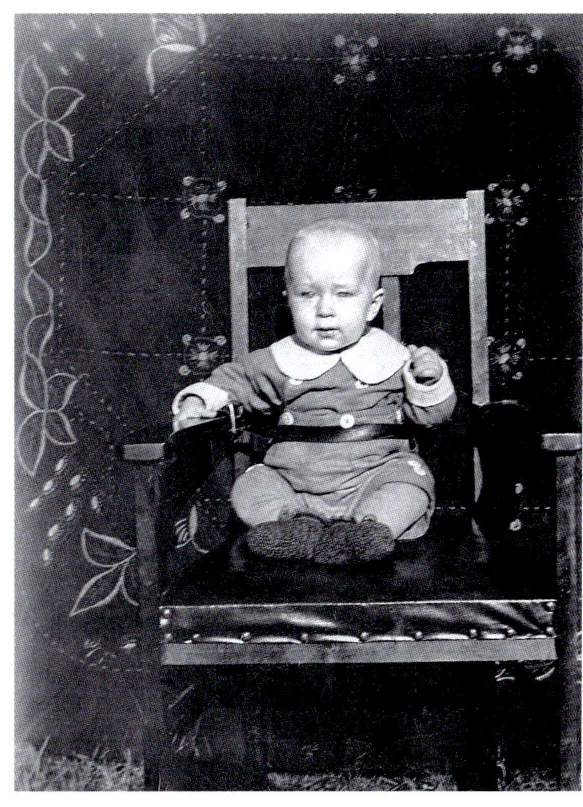

←
1938 年 6 月 4 日，约里奥、凯佳和玛雅塔在维堡。他们的父亲送给约里奥一辆玩具汽车作为礼物

1953 年圣诞节，库卡波罗一家：从左至右：艾诺·贾蒂宁、玛雅塔、玛蕾、凯佳、埃里克、特图、佩尔蒂、伊娃、艾拉·玛丽亚、约里奥

←
约里奥在沃科锡河（Vuoksi）边绘画，1952 年

→
约里奥为弟弟佩尔蒂画的肖像画

↓
约里奥 14—15 岁创作的木雕

↓
约里奥在绘画，1952 年

ATENEUM

阿泰努姆

1952 年的约里奥

阿泰诺姆艺术与设计学院

在 1953 年那个金秋 9 月的某一日，约里奥·库卡波罗满怀壮志地首次踏上了前往赫尔辛基的独自旅程。他身旁陪伴的，是自己倾注心血、亲手组装而成的自行车，这不仅是交通工具，更是他梦想与自由的象征。然而，命运似乎对他进行了一次小小的考验，由于一时的疏忽，他未将爱车妥善锁好，它竟在转瞬间被盗走。这一突如其来的变故，对于当时年仅 22 岁、正值青春年华的约里奥而言，无疑是一次沉重的打击。在大都市的繁华与喧嚣中，他首次直面了生活的残酷与不公，感受到了成长的艰辛与挑战。

火车站的正对面，矗立着雄伟壮丽的阿泰努姆大楼，其威严高大的形象令新入城的青年心生敬畏。尽管如此，约里奥仍展现出坚定的决心，毅然选择从侧门步入这座宏伟的建筑。然而，在入口处，门卫遗憾地告诉他，学生选拔流程已在前日圆满结束，他未能赶上。门卫名为勒蒂宁（Lehtinen，日后与约里奥熟识），在传达这一消息时，眼中流露出一丝同情与怜悯。随后他以建议的口吻鼓励约里奥在即将到来的秋季积极报名参加阿泰努姆举办的夜校课程，以期未来能有机会实现自己的目标与梦想。

在街头彷徨之际，约里奥内心充满了迷茫。未来的道路究竟通往何方？何处能成为他心灵的归宿？幸运的是，约里奥在偶然间重逢了陆军战友彭迪·希耶塔宁（Pentti Hietanen）。彭迪已成功进入阿泰努姆学院，告别了保罗·博曼（Paul Boman）家具工厂绘图员的工作。彭迪慷慨相助，不仅将原来住的房间转租给了约里奥，还亲自引荐，让他接替了自己在博曼的职位。这段际遇，成为约里奥人生旅途中的一个重要拐点。在俄罗斯籍芬兰建筑师伊万·库德里亚夫采夫（Ivan Kudrjavtsev）的精心指导下，约里奥用时一年，全身心地投入洛可可椅子及其他各时代家具的绘制工作中。作为一位来自东部乡村的青年，他勇敢地踏入了一个全新的语言环境——博曼工厂的日常交流均使用瑞典语，这促使他不断努力学习与适应。随着时间的悄然流逝，约里奥逐渐展露出了杰出的绘图天赋，他精准细腻的笔触与他的性格相得益彰。博曼不仅为他构建了坚实的专业技能框架，更为他未来的设计之路奠定了深厚的理论基础。在忙碌的工作之余，约里奥并未停下追求知识的脚步。他选择在艺术与设计学院的夜校继续深造，攻读职业课程，不断提升自我，追求卓越。

1954 年秋季，他凭借卓越的才华与不懈的努力，成功获得了阿泰努姆学院的青睐，正式踏入了这所享有盛誉的学府。紧接着，随着约里奥从博曼的优雅退出，另一位来自伊马特拉、才华横溢的年轻室内建筑师——海基·卡贾莱宁（Heikki Karjalainen），接过了博曼制图员的接力棒，并踏上了与约里奥相同的设计征途，也在阿泰努姆学院内继续深化对专业的理解与研究。在这一年对家具设计领域的深入探索中，约里奥以无比的热情与专注，致力于将创意与实用性完美融合。然而，随着时间的推移，他逐渐发现，虽然平面设计曾是他热衷的方向，但在家具设计的熏陶下，自己的审美与兴趣已悄然发生了转变。他开始意识到，平面设计虽有其独特魅力，却已不再是引领他前行的明灯。于是，在经过深思熟虑后，约里奥做出了一个决定，调整自己的专业方向，以更加饱满的热情与坚定的步伐，努力在家具设计的道路上探索前行。

他全心投入室内设计的专业领域，不仅展现了卓越的才华，还成功获得了家具设计领域的权威学术认证。在求学之路上，他有幸得到了设计界泰斗伊尔马里·塔皮奥瓦拉（Ilmari Tapiovaara）的亲自指导，后者彼时正担任设计系的学术带头人，引领着设计教学的方向。同时，约里奥也深受奥拉维·汉尼宁（Olavi Hänninen）副主任的影响。汉尼宁副主任的谦逊态度和严谨的教学风格，赢得了约里奥的深深敬意。在汉尼宁的课堂上，约里奥不仅学到了设计的知识，更领悟到了设计的态度。

学院的领导者布鲁诺·图卡宁（Bruno Tuukkanen）校长，以其卓越的领导力和对艺术设计的深刻理解，为学院的发展注入了新的活力。而鲁纳尔·恩布洛姆（Runar Engblom），这位集艺术家、建筑师与钢琴家于一身的杰出人物，更是造诣深厚且设计理念独到，持续地为学生们打开了设计构图领域的新世界。

在这样的环境中，约里奥的学习之旅充满了挑战与机遇。他不仅与一群志同道合的朋友共同成长，还得到了艺术总监塔皮奥·维尔卡拉（Tapio Wirkkala）的悉心指导。维尔卡拉先生以其敏锐的洞察力和卓越的艺术鉴赏力，为约里奥的艺术之路点亮了明灯。

阿泰努姆建筑，这座承载着芬兰艺术与设计历史与未来的殿堂，见证了约里奥的成长与蜕变。在这里，他度过了无数个日夜，不断汲取着知识的养分。即便后来他的职业道路转向了家具设计，在阿泰努姆的求学经历依然是他人生中最宝贵的财富之一。

1954 年约里奥在阿泰努姆

形影不离的伊尔梅丽和约里奥

在赫尔辛基艺术与设计学院的那段辉煌岁月中，1955 年成为约里奥幸福生活的起点。那一年，他邂逅了伊尔梅丽（Irmeli Helmi Vilhelmiina Salminen）。这位个性鲜明、魅力四射的年轻女性，心中怀揣着成为杰出装饰画家的炽热梦想。这次偶遇，发生在学院大楼 B 入口那条悠长走廊的转角处，仿佛冥冥中注定了两人未来的牵手。在那个年代，学生们总能在闲暇之余，散坐到阿泰努姆楼梯那宽敞窗台的静谧角落里，享受片刻的悠闲。这种日子中的某一天，伊尔梅丽，这位有着如瀑金发的年轻女子，正专注地坐在那里，以笔为媒，绘就着她的艺术天地。此时的约里奥，因寻找前往里克哈丁卡图（Rikhardinkatu）图书馆的路，不经意间踏入了这幅动人的画面。伊尔梅丽对赫尔辛基了如指掌且酷爱阅读，一直心存对知识的渴望。面对约里奥的询问，她毫不犹豫地站起身，亲自引领着他一同前往。这次简单的指引，不仅为约里奥指明了方向，更悄然开启了他们长达 68 年的相识与携手之旅。岁月悠悠，这对伴侣共同经历了无数风雨，彼此扶持，直至 2022 年的夏天，伊尔梅丽轻轻地合上了人生的卷轴。然而，他们的故事，如同她所热爱的装饰画一般，永远镌刻在了约里奥和亲朋的心中。

当约里奥向有
如瀑金发的年轻女子伊尔梅丽
询问去图书馆的路时，
热爱阅读，又熟悉赫尔辛基城市环境的
伊尔梅丽，
放下速写本，起身引领约里奥一同前往。
两人 68 年的相识与携手之旅
从此展开

不久后，伊尔梅丽在其位于赫尔辛基郊外宁静小镇考尼宁（Kauniainen）的家中，正式安排了约里奥与其父母的会面。伊尔梅丽的父亲马蒂·萨米宁（Matti Salminen）以他一贯的严谨与敏锐，对约里奥这位来自乡村的青年给予了热情而庄重的欢迎。他与约里奥进行了细致入微的交流与不断观察，确信约里奥对伊尔梅丽怀有真挚的情感，并展现出令人信服的诚实品质。尽管伊尔梅丽的母亲对此持保留态度，但她还是尊重了女儿的选择。随后，这对恋人于同年宣布了他们的订婚消息，并在1956年的春天，按照既定的仪式，于官方的见证下，共同步入了婚姻的殿堂。

年轻且朝气蓬勃的伊尔梅丽和约里奥在赫尔辛基，1952年，皮诺·米拉斯摄

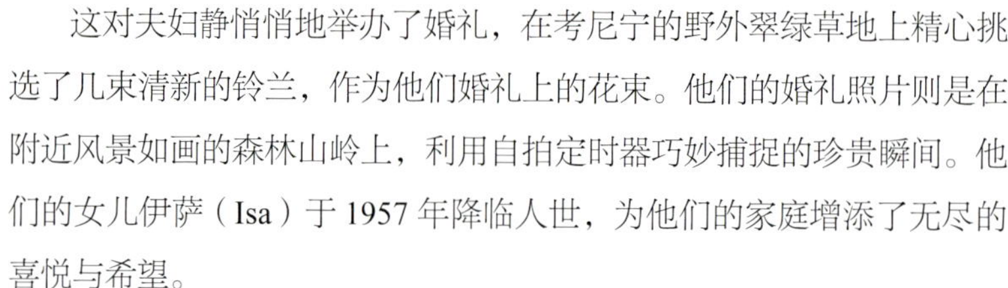

这对夫妇静悄悄地举办了婚礼，在考尼宁的野外翠绿草地上精心挑选了几束清新的铃兰，作为他们婚礼上的花束。他们的婚礼照片则是在附近风景如画的森林山岭上，利用自拍定时器巧妙捕捉的珍贵瞬间。他们的女儿伊萨（Isa）于1957年降临人世，为他们的家庭增添了无尽的喜悦与希望。

与当时的社会风气稍有不同的是，伊尔梅丽女士在诞下孩子之后，依然秉持着对知识的渴求，继续深造。库卡波罗夫妇更是不避世俗，携女儿共同踏入阿泰努姆学校的校园，展现了不同寻常的勇气与决心。当该校众多备受敬仰的教师们在授课过程中意外听闻从课桌下方传来的婴儿啼哭声时，无不感到惊讶，方知此处已增添了一位新的小成员。尽管如此，伊尔梅丽与约里奥两位学子仍凭借自身的努力与才华，顺利完成了学业，未受影响地踏上了职业发展的道路。年轻夫妇为了孩子的成长，特邀装饰画授课老师鲁纳尔·恩布洛姆（Runar Englblom）先生担任伊萨小姐的教父。作为一位举止优雅、风度翩翩的绅士，鲁纳尔先生欣然接受了这一荣誉邀请。值得注意的是，库卡波罗家族的小公主并非鲁纳尔先生唯一的教子之选。邀请他担任孩子教父的行为，在该校已逐渐形成了一种风尚，尤其是在那些选择在求学期间成为父母的学生家庭中。鲁纳尔先生以其一贯的慷慨与热情，向每位教子赠送了珍贵的银质餐具，这些餐具或许源自其家族世代相传的珍贵藏品。此外，他每次还特别演奏一首钢琴曲，以此纪念这一温馨甜蜜的时刻。对于约里奥而言，他心中同样珍藏着一段难忘的记忆，那就是关于该校传奇校工莱蒂宁先生的故事。莱蒂宁先生以其对年轻父母的深切关怀与无私奉献而著称，他时常主动伸出援手，帮助那些初为人父母的学子们照看孩子，尽显慈父般的温暖与呵护。这段经历对于约里奥而言，无疑是一段宝贵的记忆，让他铭记于心。

起初，这对年轻夫妇选择了赫尔辛基学校附近的租赁公寓作为他们的住所。然而，随着宝宝的降生和逐渐成长，他们深思熟虑后决定搬迁至考尼宁，与伊尔梅丽的父母同住在一栋有历史的老兵住宅里。这一决定不仅加深了家庭成员间的联系，也让外祖父母能够更直接地参与到孙辈的成长过程中，给予他们无价的关怀与支持。伊尔梅丽的母亲对这位新加入家庭的小天使宠爱备至，她将自己满腔的温情毫无保留地倾注在了这位初降人世的小生命上。每当伊尔梅丽从繁忙的都市生活中暂时抽离，回到这个充满爱的家中，迎接她的总是孩子开心地躺在婴儿车里那洋溢着幸福和纯真的笑容，以及孩子口中轻轻含着棒棒糖，憨态可掬的可爱模样。

原型

约里奥儿时起受到的工匠技艺训练，在其艺术探索的旅途中，这充分展现了其独有的实用价值追求。与众多同学遵循“先设计后实践”的传统路径不同，约里奥独辟蹊径，成为当时唯一能够独立实现从设计到原型制作全过程的学生。位于阿泰努姆 C 翼一层的木工工坊，配备了操作台、带锯及多套钻床等一应俱全的工具，共同构建了一个既专业又实用的创作天地。在这块实践空间里，约里奥凭借其严谨细致的态度与灵活熟练的技艺，思虑周全，打造出了一系列精致独特的家具作品。尤为值得一提的是，自学生时代初期，约里奥便踏上了探索可塑性设计语言的征途。他敢于挑战，勇于尝试，通过巧妙地运用弯曲胶合板与创新的工艺技法，成功设计出一系列别具一格的椅子。此后，他始终坚守这一创新理念，在艺术与设计的广阔领域中精耕细作，不断追求精进与超越。

在大多数情况下，他坚持在完成首个原型设计之后，才着手进行施工图的绘制。这一独特且高效的工作流程，自然而然地引起了老师及其资深同事们的关注与赞赏。当时，坊间甚至流传起一种赞誉，称这位在工坊中勤勉耕耘的佼佼者，能够如同工厂流水线上的资深工匠一般，既高效又精准地雕琢出设计原型。

1956 年，开启职业生涯

家具业如众多在第二次世界大战的创伤中奋力复苏的行业一样，正积极吸纳青年才俊加入。各类设计与技能竞赛如雨后春笋般涌现，为才华横溢的年轻设计师铺设了通往企业界的康庄大道。这些奖项不仅是对个人才华的权威认可，还兼具强大的宣传效应，使获奖者在媒体的聚光灯下熠熠生辉。回溯至 1956 年，约里奥凭借在海米（Haimi Oy）家具设计大赛中的杰出表现，在某一类别中脱颖而出，其获奖作品为一款由海米苦心摸索并打造的芝麻木制沙发床。这一辉煌成就不仅为约里奥赢得了崇高荣誉，也开启了他与海米公司长期而紧密的合作关系，尽管这段旅程中不乏挑战与坎坷。

海米公司正式吸纳了一位年轻有为、志向远大的销售员——毛里·埃内斯塔姆（Mauri Enestam）先生，他怀揣着在商业舞台上大展宏图的坚定信念。此时深受库卡波罗新颖设计理念的启迪，毛里先生不仅展现出了敏锐的洞察力，还积极地提出了双方深化合作的新思路。同时，他富有远见地构想并倡导独立创建一间专注于创新与实践的工作室，以期在业界独树一帜。这一具有前瞻性的提议，促成了摩登诺（Moderno）这家新兴小公司的诞生。随后，摩登诺公司在赫尔辛基这座繁华都市的心脏地带——克鲁维卡图（Kluuvikatu）3 号，精心挑选并设立了其稳重而现代的办公场所。这不仅是公司发展历程中的一个重要里程碑，更是对未来无限可能的坚定承诺与展望。

开场镜头：未来之家

1957 年，约里奥在赫尔辛基经济学院进行了其职业生涯中首次正式且重要的公开亮相，这一活动是在“未来之家”展览会上隆重举行的。此次展览会由资深设计师安蒂·诺米斯奈米（Antti Nurmesniemi）担任总策划与设计工作，他比约里奥年长 6 岁，具有深厚的行业背景与独到的设计眼光。在阿泰努姆的模型制作区域，安蒂独具慧眼地发现了约里奥的才华与潜力，并决定为其提供一个宝贵的平台，以展示其对于未来的独特构想与愿景。这次展览会不仅开创了设计博览会的新纪元，还极大地推动了家具与室内设计领域的创新与发展，为整个行业注入了新的活力与灵感。

展览的设计紧跟最新的室内设计潮流，展现出前卫与时尚的融合。

其最引人注目的特色莫过于一张简约风格的木制沙发床，它巧妙地结合了实用与美观，以填充物或简约布料进行装饰，彰显出独特的品位与格调。尤为值得一提的是，家具设计专业三年级的优秀学生约里奥所精心设计的卢库（Luku，阅读）椅荣幸入选展览。这款椅子不仅体现了约里奥对设计的独到见解，更融合了舒适与功能的完美平衡，这无疑成为展览中的一大亮点。此外，在同一展览的舞台上，约里奥还有三项令人瞩目的成果——他在 1956 年创立的摩登诺工作室系列设计产品，也首次在其个人的展台上惊艳亮相。这些作品不仅展现了约里奥在设计领域的深厚功底，更预示着他未来无限的发展潜力。

关于这些精彩纷呈的设计作品，稍后将做更为详尽的介绍。

该展览标志着库卡波罗职业生涯的启动，吸引了各方人士的瞩目，他们纷纷询问起他作品的独特细节。其中，一款源自 20 世纪 50 年代的经典之作尤为引人注目——这款圆腿、软包皮椅以其独特的设计赢得了广泛赞誉。椅子的腿部设计巧妙，向下呈锥形并逐渐向外倾斜，展现出一种流畅而优雅的线条美。在库卡波罗的早期创作生涯中，他更是以海鸥（Lokki）、曼博（Mambo）、绿洲（Oasis）以及蜂鸟（Kolibri）等一系列风格鲜明的设计作品，进一步夯实了自己在设计界的地位。这些作品不仅展现了他对设计的独特见解，也预示着他未来在设计领域的辉煌成就。

卢库椅（LUKU），1957 年

然而，他内心深处对卢库椅怀有无比的自信，深信其设计匠心独运，卓越而朴素。这款椅子的木质框架线条流畅而简约，透露出一种质朴而不失高雅的气质。其座椅部分则选用了严整的、未经软垫装饰的皮革，紧密而牢固地钉合在框架之上，每一处细节都彰显出约里奥匠人般的精湛技艺与对设计完美的不懈追求。约里奥在评价这把椅子时，用了一个既形象又富有深意的比喻："卢库椅，它就如同那些经常与小天使相伴的骷髅，虽看似冷峻，却蕴含着无尽的哲理与引人深思的韵味。"

在设计这把椅子时，约里奥的独特风格逐渐显露，这无疑受到了他的老师们潜移默化的影响。如伊尔马里·塔皮奥瓦拉（Ilmari Tapiovaara）所倡导的实验教学法，为约里奥在工业设计领域提供了至关重要的启示。其中，一项尤为难忘的任务，便是为 1957 年的工业设计展设计并制作了一枚巨型"鸡蛋"。展览的各个展区均以自然元素为象征，如眼睛、蜂窝或鸡蛋，伊尔马里特意邀请了他在艺术与设计学院

据说这家伙
制作产品模型的速度，
如同流水线生产
一样快。

的学生们共同参与这一创作。这枚鸡蛋的内部结构巧妙地以木条构建，其上覆盖着纹理分明的麻布。随后，石膏被缓缓倾注其上，经过精心抹刷，最终呈现出完美的鸡蛋形态。这枚“鸡蛋”被巧妙地安置在一个圆形的金属连接片之上，成为展览中的一大亮点。约里奥深情地回忆道，正是这项任务激发了他制作塑料椅子石膏模型的灵感。在提及当时的设计界时，约里奥时常会谈到一些广为人知的设计典范，如阿尔瓦·阿尔托（Alvar Aalto），然而他却并未过多地指出国际设计潮流对其设计作品的具体影响。

在 20 世纪 50 年代，当社交媒体尚未萌芽之际，杂志成为引领设计最新潮流的独家舞台。彼时，才华横溢的设计师库卡波罗仍在芬兰的疆界内深耕细作，未曾跨越国界一步。

奥库斯蒂·霍波宁（Aukusti Huoponen）

在摩登诺工作室的繁忙环境中，单打独斗已成过去，团队协作成为关键。

毛里先生深知赫尔辛基藏龙卧虎，其中基诺卡鲁斯特工作坊（Kinokaluste Oy）便是他熟知的一处宝地。这家家具制造厂中，奥库斯蒂·霍波宁（Aukusti Huoponen），一位才华横溢的年轻金属工匠，正以其卓越的技艺崭露头角。回忆 1956 年的初次邂逅，霍波宁记忆犹新。那时，电影座椅部门的主管唤他来见库卡波罗。霍波宁以他标志性的八字胡和随性的态度说道：“去你的工作台吧，咱们谈谈正事。”这次偶遇，让这位戴着绿色波萨里诺（Borsalino）帽子的工匠与设计师擦出了火花，奥库斯蒂与约里奥迅速建立了深厚的友谊。岁月流转，一年之

海鸥（Lokki）椅，
1955 年

后，刚满 20 岁的奥库斯蒂在服完兵役后，满怀憧憬地踏入了赫尔辛基克鲁维卡图区的摩登诺工作室。他的焊接与弯管技艺在这里得到了充分的施展。谈及初到工作室的情景，霍波宁笑着回忆道，他竟是滑下窗户的金属杆，悄然进入那神秘的地下室空间。很快，他在这里又遇到了伊尔梅丽，三人之间的见面如机缘巧合，共同编织了一段终生的友谊篇章。

约里奥早期的诸多设计杰作，如三年展系列、洛基系列、卡西诺系列及摩登诺系列等，无疑都是霍波宁工艺与艺术领域内的巅峰之作。同时，业界著名的室内装饰大师萨卡里・莱恩（Sakari Laine）也曾在该工作室效力，他的精湛技艺与不懈追求赢得了人们的深深敬佩。作为一位历经战火洗礼的坚韧之士，他以突出的工作业绩赢得了广泛的赞誉，其个人经历更是充满了传奇色彩。在工作室中，当大家正忙于搬运布料与设计图案时，萨卡里・莱恩常常分享他在战争前线惊心动魄的经历，一会儿是恐怖的横尸遍野，一会儿又是粗俗的幽默战场，这不仅为工作室增添了一份历史的厚重感，还融入了风趣的幽默元素，使得工作氛围更加生动活泼。数十年来，约里奥与霍波宁携手并肩，共同创造了无数辉煌的成就。他们不仅在椅子设计领域取得了卓越的成果，还携手为会展与展览场地的打造贡献了自己的智慧与力量，给人留下了深刻的印象。

库卡波罗夫妇于 1968 年所建工作室的金属结构，同样是霍波宁灵感与才智的杰作，彰显出他卓越的品质追求。霍波宁曾坦诚地表示，也正是得益于约里奥的悉心指导，他才得以掌握精准评估项目价值的技巧，并学会如何巧妙地处理与客户之间微妙的关系。

一项关键项目正在赫尔辛基的凯什库斯卡图（Keskuskatu）街区的罗塔塔洛（Rautatalo）大厦内展开，旨在对玛丽梅科・文蒂（Marimekko Vintti）旗舰店进行室内改造设计。店主阿米・拉蒂亚（Armi Ratia）慧眼识珠，邀请了约里奥参与项目，并特别委托他设计一种创新的悬挂系统，以整体展示的形式突出这家旗舰店。该商业空间的设计出自一位才华横溢的建筑系学生——阿尔诺・鲁苏沃里（Aarno Ruusuvuori）之手，其姓氏蕴含着“玫瑰山”的浪漫寓意，为整个设计增添了一抹趣味与深意。阿米敏锐地捕捉到了设计师姓氏中蕴含的自然元素，视其为项目中的一抹亮色。在此背景下，约里奥运筹帷幄，设计了一套别具一格的悬挂方案：以坚固的金属管状桁架作为支撑，稳稳地悬挂于天花板之上；而细长灵活的可移动金属钩子则自桁架间轻盈垂落，专为悬挂衣架而设。这一设计不仅赋予了旗舰店布局极高的灵活性与便捷性，使得顾客能够轻松穿梭于各个区域，同时也便于日常清洁与维护，确保了店铺环境的整洁与舒适。至于悬挂系统的具体实现，则由霍波宁先生亲自操刀。他精心挑选了一种特殊的蓝色调管道材料，不仅色泽美观，更具备优异的耐磨性能，有效避免了传统涂漆表面易磨损的弊端。在霍波宁的精湛技艺下，整个悬挂系统完美地安装成型。

阿米对最终成果感到满意，并特地前来向这群男士表达感激之情。她礼貌地向奥库斯蒂询问他的联系方式，希望未来能够有机会再度携手合作。

摩登诺（Moderno）椅，1956 年

这位年轻且略显羞涩的金属工艺品匠人，满怀敬意地将自己的名片递交给阿米。阿米深情地注视着奥库斯蒂的眼眸，随后摆出一系列微妙的动作，轻轻掀起裙摆，将那张名片巧妙地藏进了腿箍之中。

后来，奥库斯蒂·霍波宁先生深思熟虑后，毅然决定踏上创业之路，亲手缔造了属于自己的企业，致力于为芬兰设计界的璀璨新星们提供卓越的设计原型制作与协作服务。面对这群满怀激情却常因资金瓶颈而困扰的年轻设计师，他展现出特有的耐心与远见卓识，坚定地选择了信任与合作，静待资金问题的妥善解决。他坚信，与设计人才的持续合作，不仅是对未来的押注，更是对创造力与创新精神的崇高致敬。这份信念，共同铺就了他们前行的道路。在这个过程中，技艺超群的奥库斯蒂·霍波宁先生一直与以注重细节著称的约里奥先生携手。他们并肩作战，以严谨的态度、精湛的技能和不懈的努力，共同推动了设计领域的蓬勃发展和 20 世纪设计潮流的崛起与繁荣。

人体工程学的觉醒

在奥利·博格（Olli Borg）于阿泰努姆学院举行的一次讲座上，库卡波罗有了一次重要的顿悟。讲座的核心聚焦于瑞典专家阿克布隆博士（Dr Åkerblom）对椅子生理学研究的演示性深刻探讨。阿克布隆博士全面而细致地从多个角度揭示了人体工程学中有关人坐姿的原理，特别针对大腿血液循环做了精细剖析。博士深刻指出，若椅子设计存在瑕疵，如边缘尖锐、角落生硬或填充物不当，将会对人的动脉造成压迫，进而使人在长期使用中潜藏健康隐患。另一方面，阿克布隆博士也着重强调了人体活动对骶骨和脊柱的关键性影响。他警示道，若该区域持续受到拉伸与扭曲的侵扰，将极大增加罹患坐骨神经痛的风险。尽管背部问题常被归咎于不良的工作姿势与沉重的负担，但博士明确指出，坐姿问题同样扮演着重要角色，这是引发此类问题的另一大原因。尤为值得注意的是，阿克布隆博士对吊床作为坐具的弊端进行了直接的批评，他直言不讳地指出，吊床的设计极易导致脊柱向下弯曲，实属不良选择。

在聆听上述言论后，库卡波罗深受启迪。自那次讲座以后，他的创作焦点逐渐转向基于人体工程学的设计领域，并在此基础上持续深化，超越了传统美学的界限。此后，库卡波罗致力于创作出更加贴合人体生理结构的设计作品，这一理念成为他设计过程中不可或缺的指导原则。无论是对声学的精细调控，还是对预防眼部疲劳的细致考量，乃至在单件家具如椅子的设计上，库卡波罗都始终将人体构造置于设计的核心位置。这彰显了他严谨、稳重、理性的设计态度。

一款适合鞋店的椅子

库卡波罗逐渐对国外生产的玻璃纤维人体工学椅产生了浓厚的兴趣。在美国，雷与查尔斯·伊姆斯夫妇（Ray and Charles Eames）以及埃罗·萨里宁（Eero Saarinen）在塑料工艺方面都取得了卓越的成就。然而，对于有着经济压力的芬兰设计师库卡波罗来说，购买玻璃纤维和树脂材料几乎成为一种奢望，因为当时芬兰正面临着严重的经济困境和物资短缺。1952 年，阿泰努姆学院的奥拉维·汉尼宁老师以其独到的创意，在尼森（Nissen）咖啡馆的大楼内设计了一款玻璃纤维咖啡椅，这一设计理念在库卡波罗 1962 年展览中推出的首款玻璃纤维椅上得到了淋漓尽致的展现。

自 1956 年起，库卡波罗便开始了对一种能够模拟玻璃纤维质感的家具设计语言的深入探索。他巧妙地运用了薄胶合板与管状结构，成功创造出了既具有柔韧性又能覆盖多种布艺产品使用的座椅形态。这一系列作品最终以其独特的风格和卓越的品质赢得了广泛的赞誉。

在库卡波罗精心策划与构思这一创新理念的同时，其同窗好友兼室内设计师埃里克·乌伦乌斯（Erik Uhlenius）亦频繁地踏入库卡波罗那充满创意与灵感的工作室。除却繁忙的学业任务，埃里克还以专业室内设计师的身份，为一家知名的家具公司担任店铺设计工作。恰逢其时，一家追求品位与舒适并重的鞋店，正急需一把既符合店铺氛围又能为顾客提供极致体验的椅子。面对这一挑战，埃里克凭借其敏锐的洞察力，向库卡波罗提出了一个深思熟虑的问题，询问其是否能够设计出完美融入该鞋店环境氛围的椅子模型。库卡波罗闻言，立刻推荐其精心设计的管状结构椅子，该设计不仅展现了他对材料力学与美学的深刻理解，更蕴含了对人体工程学的精准把握。他进一步建议，根据鞋店的实际空间尺寸，对椅子模型进行精细的调整与优化，以确保其能够完美地融入店铺环境。在库卡波罗的精心指导下，这款椅子被其赋予了“略显低矮，却宽敞而舒适”的独特气质，既符合鞋店对于座椅的功能性需求，又巧妙地融入了店铺的整体设计风格之中。其最终的呈现效果令人赞叹不已，不仅赢得了顾客的广泛好评与喜爱，更成为乌伦乌斯在 K 鞋连锁店室内设计中不可或缺的经典元素。随后多年，这款椅子始终以其优雅的造型与卓越的性能，陪伴着 K 鞋连锁店的多次蜕变与成长。

此时，库卡波罗更加坚定了对这款设计的信心。他细致周全地为鞋形座椅增设了扶手，并精心打造出集头枕与摇摆功能于一体的各类超豪华扶手椅版本。1956—1958 年，该系列不断创新，推出了包括餐厅椅、会议椅、办公椅在内的多种用途的衍生产品，极大地丰富了该系列椅子的产品线。

这一系列产品的多样化发展，最终构建了一个庞大的系列体系，自问世以来便持续不断地投入生产，展现了其持久的生命力和市场价值。该系列被命名为“摩登诺”（Medemo），这一富有时代感的名称正是以缔造它的公司之名而命名，彰显了其独特的品牌魅力和文化传承。

乘风破浪

摩登诺工作室自创立之初便彰显出杰出的品质，成功地在斯托克曼百货公司内设立专属区域。毛里勇挑市场营销的重任，库卡波罗深耕设计领域，霍波宁则全身心投入产品的制造环节。尤为值得一提的是，摩登诺在 1959 年荣获国际出口标志，这无疑是对其卓越品质的高度认可与赞誉。

芬兰以其卓越的设计实力赢得了国际社会的广泛赞誉。1960 年米兰三年展上，芬兰馆是安蒂·诺米斯奈米（Antti Nurmesniemi）苦思冥想设计的作品，亮相后立刻成为展览中的焦点。为了这场盛会，库卡波罗精心打造了一款革命性的椅子：轻巧可折叠的镀铬钢管框架，巧妙连接木质座椅与靠背，扶手则选用宽厚的实木材质，座椅更配备了可拆卸的皮革软垫，尽显便捷与舒适。此款椅子虽然获得了殊荣，却在库卡波罗创作高峰期意外地被时光尘封。然而，米兰三年展上的这把椅子，以其极简主义的外观，预示了设计界的未来趋势。它标志着库卡波罗在探索个人设计语言上迈出了重要一步。库卡波罗的设计生涯始终被鲜明的简约风格引领，其间也不乏艺术性的灵光闪现。正是这种设计理念的碰撞与融合，催生了无数创意的火花，其中尤为引人注目的作品便是那款以镀铬钢管框架搭配皮革材质的椅子，后更名为卡西诺（Casino，意为赌场）或 77 号椅。然而，库卡波罗却对“卡西诺”这个名字心存芥蒂，或许是因为这款椅子背后承载着一段不平凡的命运。当年尼日利亚政府订购的 400 把椅子随着货船抵达尼日利亚时，一场突如其来的政变让这笔交易戛然而止，新政权随即取消了订单。这批椅子只得无奈地返回芬兰，最终在国内寻得归宿。这段经历让库卡波罗深信不疑：“卡西诺”之名似乎带有某种不祥的预兆。因此，他坚决拒绝再次生产这款椅子，以免重蹈覆辙。这一决定不仅体现了他对设计的严谨态度，更透露出他内心深处那份对未知的敬畏与迷信。

工作与日常生活

此时约里奥的家庭生活和谐美满，伊尔梅丽勇敢地担起了照顾孩子的重任，而库卡波罗则以他独特的方式参与其中。他亲手为自己的女儿缝制玩具，并精心设计了一款专属的摇椅，尽显父爱之深。库卡波罗常常使用摩登诺工作室的缝纫机来创作，而霍波宁则努力而巧妙地制作出了既坚固又舒适的金属框架与填充物，两者相得益彰。库卡波罗的教育理念在那个时代已独树一帜：他视孩子为未来的成年人。因此，他所设计的摇椅异常宽敞，足以让一位成年人也能舒适地坐下。想象一下，一个温馨的夜晚，一位成年人在孩子的床边，悠然自得地倚靠在这把充满爱意的摇椅上，为孩子讲述着动人心弦的晚安故事，那画面温馨而美好，充满了家庭的温馨与幸福。

卡西诺（Casino）椅，1959 年

1959 年，伊尔梅丽突遭身体剧痛侵袭，被紧急送往医院。这一变故瞬间击碎了家庭的宁静与和谐。经过医院的细致检查，医生诊断她罹患了一种极为罕见的异位肾疾病，其起因据推测与先前的妊娠经历有关。尽管手术最终取得了成功，但这一事件引发了对于未来再次怀孕可能带来潜在风险的深深忧虑。这对夫妇因此面临着难以再次生育子女的沉重现实。

库卡波罗先生深思熟虑后，决定致力于培养他唯一的孩子学会分享的品质，这一决定深受他自身在一个拥有五个兄弟姐妹的大家庭中成长的经历所影响。那段充满温馨与挑战的岁月，至今仍在他心中留下深刻的烙印。每周三的固定时刻，伊萨与库卡波罗都会以一种近乎仪式般的庄重，静静地守候在邮箱旁边。他们的目光中充满了期待与喜悦，等待着一份来自远方的珍贵礼物。这正是伊尔梅丽的姐姐在《赫尔辛基日报》担任要职时，特意为她精心挑选并订阅的唐老鸭漫画。这幅漫画不仅承载着姐姐对伊萨的深深关爱，也成为他们家庭生活中不可或缺的一部分。库卡波罗拥有优先阅读权。然而，他更希望借此机会引导孩子理解分享的真谛。

还有一段深远而引人遐想的记忆片段，仿佛预示着未来某种难以言喻的预兆。彼时，库卡波罗家族栖息于卡萨明卡图那片宁静街区的一隅，租借的公寓内充满了他们的生活点滴。就在这栋见证过无数人来人往的建筑物中，一位毕生致力于亚洲文化探索与研究的杰出教授，悄然离世，留下了无数的学术资料与遗憾——他并未留下任何子女或直系亲属。为了让逝者安息并保障生活环境得以延续，政府会细致清理并妥善处理了教授的遗物。几位住户在昏暗而沉闷的地下室炉火旁，以一种近乎随意的态度，陆续点燃了教授遗留下的文件与艺术品，火光中跳跃着知识与艺术的灵魂。就在这火光冲天、肃穆的瞬间，库卡波罗那敏锐而富有同情心的目光，意外地捕捉到了几幅被细心卷起、隐于角落的画作。库卡波罗毫不犹豫地提出了自己的请求，获得许可后，将这些珍贵的画作带回。

自那时起，库卡波罗家族便精心守护着珍贵的文化遗产——一幅19世纪中国文官主题的大型丝绸古画，以及一幅更为精致典雅的小型中国丝绸古画。这两幅画作均得到中国艺术鉴赏界极高的赞誉。尽管库卡波罗踏入中国大学执教的旅程尚待时日，但这两件中国艺术品已悄然融入了他的家庭环境之中，成为空间内不可或缺的一部分。这不仅增添了浓厚的文化氛围，也彰显了他对中国文化的深厚情感与独特见解。

↑
约里奥自制的竞赛用自行车，才到赫尔辛基就被盗窃

→
烟斗和胡子是艺术家造型的一部分。阿特诺姆摄

约里奥和伊尔梅丽

→
在阿泰努姆的 B15 教室里。约里奥使用他的自拍相机拍照

↓
伊尔马里・塔皮奥瓦拉的“蛋”设计。这门课程作业激发了约里奥找到他自己的塑料椅子设计语言

WORK & LIFE

工作与生活

旅行能开阔心胸

库卡波罗在学生时代就已展现出超凡的才华，他犹如一颗璀璨的设计新星，其职业生涯的每一步都能够抓住世人的眼球。在那段时期，他不仅成功地将芬兰设计推向了全球舞台，更凭借独特的设计语言在国际上享有一席之地。1961 年末，库卡波罗荣获了《美丽家园》（Kaunis koti）杂志颁发的奖学金，这份具有深远意义的圣诞礼物为他开启了珍贵的海外学习之旅。至今，他仍对这份奖学金充满感激，因为在他最需要的时候，这份杂志为他注入了无尽的灵感与活力。在《美丽家园》杂志的圣诞期刊访谈中，库卡波罗曾满怀憧憬地谈及他对德国乌尔姆包豪斯学院的向往。然而，命运却巧妙地引领他走上了另一条充满挑战与机遇的道路。尽管未能亲自踏入那所梦寐以求的学府，但库卡波罗的设计之路却因此变得更加多元而精彩，充满了无限的可能性与惊喜。

库卡波罗夫妇毅然决定解除公寓租约，他们细心整理并妥善存放了少量家具，随后将所有必需品精心打包至他们的莫里斯迷你车内。携带帐篷、衣物、露营炉及充足的旅行资金，他们顺利地从芬兰海关获取了出口财物的必要许可。为了确保小伊萨旅途的舒适，他们别出心裁地在车后加装了一个温馨的小隔间，尽管那时汽车座椅与安全带尚未普及。1962 年初春，这对夫妇满怀激情地驱车向西南进发，踏上了一场穿越欧洲直至葡萄牙的冒险之旅。他们秉持着灵活多变的计划与开放包容的心态，对这场为期四个月的奇妙旅程充满期待。那是一个航空交通尚未兴起的年代，芬兰因东部边境的地理封闭而显得尤为闭塞，仿佛一条有尽头的路。第二次世界大战的阴霾刚刚散去，通往苏联的维堡及波罗的海的道路仍被封锁，仅余一条通往瑞典的海上航线与外界相连。

很快，他们就意识到穿越拉普兰（Lapland）的漫长驾驶之旅或许过于雄心勃勃。因此，库卡波罗一家明智地决定将他们的迷你车驶上波尔（M/S Bore）号轮渡的车辆甲板，踏上横渡波罗的海的奇妙旅程。伊尔梅丽对这条路线了如指掌，她曾暑期在船上工作，对这一片海域充满了熟悉感与亲切感。她回想起孩童时代，与父母一同在斯特拉北极星（Stella Polaris）号上的探险经历。那时，一些情报系统相关人员的家庭为了躲避苏联当局的追捕，选择了乘船前往瑞典，那段经历让她对这段旅程更添了几分感慨。

在乔拉斯的家中，
约里奥再次以极快的
速度投入到他的工作中。
在漫长的旅途中，潜藏在他的心中。
潜意识中的思想开始萌芽。
他的速写笔日夜
在草图纸上滑动。

库卡波罗则显得相对从容，他对即将展开的旅程充满了好奇与期待。在缺乏现代导航设备辅助的情况下，他们只能依靠纸质地图，以及这对夫妇有限的瑞典语和英语能力来规划行程，这无疑为这次旅行增添了几分探险的乐趣。

随着车辆缓缓向南移动，芬兰的融雪逐渐消去，欧洲大陆在他们眼前缓缓展开，每一公里都呈现出令人心醉神迷的绝美景色，让人沉醉不已。

库卡波罗夫妇首次携手踏上国际长途之旅，这次经历成为他们人生与事业发展的关键转折点。这不仅极大地拓宽了这对年轻艺术家对世界的认知，也让战后欧洲的风貌在他们的心中真实呈现。约里奥与伊尔梅丽沉浸在博物馆与古迹的海洋中，从自然历史博物馆的丰富藏品到卢浮宫的璀璨艺术杰作，再到斗兽场的沧桑遗迹，他们一一探访，留下了深刻的印象。

回溯 20 世纪 60 年代，若是习惯了地处北欧芬兰的物资匮乏，那么旅途中的每一刻都将令人心潮澎湃：金黄的橙子挂满枝头，意大利面与橄榄等新奇食物让人目不暇接，市场摊位上更是摆满了五彩斑斓的蔬菜，琳琅满目。他们偶尔会入住舒适的小旅店，但更多时候，他们会选择在小巧的绿色帐篷中享受露营的乐趣，体验与自然亲密接触的感觉。欧洲的露营地遍布各区域，即便是在大城市的边缘郊区，也能找到一片宁静的开阔场地。约里奥精心挑选了美国军队遗留的绿色棉质睡袋，以及倍耐力公司制造的充气橡胶床垫，床垫一面是清新的蓝色，另一面则是热烈的红色，外层包裹着柔软的棉布，它们都坚固耐用，因此伴随着这个家庭直至 20 世纪 90 年代。

桑博内（Sambonet）和皮诺

当他们抵达米兰之时，约里奥幸运地获得了加入罗伯托·桑博内（Roberto Sambonet）工作室的机会，共同进行为期两周的创意合作。桑博内这位享誉国际的意大利设计大师，年长约里奥 9 岁，他在 20 世纪 60 年代的作品中深刻展现了其对芬兰公共设计和平面设计领域的卓越贡献。作为阿尔瓦·阿尔托的挚友，桑博内不仅才华横溢，更是一位杰出的画家，他与芬兰众多顶尖设计师，包括沃科与安蒂·诺米斯奈米（Vuokko and Antti Nurmesniemi）夫妇，都保持着深厚的友谊与合作。特别值得一提的是，芬兰设计界的重量级人物奥洛夫·古姆梅鲁斯（Olof Gummerus）亲自推荐约里奥加入桑博内的工作室。

皮诺与约里奥

在工作室的这段时光里，每日从上午 10 点到下午 4 点，约里奥都全身心地投入到绘制桑博内设计的精细技术图纸中。与此同时，伊萨则在露营地享受着与伊尔梅丽的欢乐时光。这段独特的经历不仅为约里奥的职业生涯增添了闪耀的一笔，也为他们后续的返程提供了坚实的经济基础。

桑博内的工作室热闹非凡，众多人士慕名而来，渴望向这位现代设计界的巨匠展现自我，并希冀获得他的青睐乃至一份宝贵的工作机会。在这个意大利创意的荟萃之地，阿根廷—意大利混血平面设计师皮诺·米拉斯（Pino Milas，又称米格里亚佐〈Migliazzo〉）正是其中一位积极寻求被认可的艺术家。

约里奥与客户在贸易博览会上

在工作室的繁忙景象中，一头黑发的皮诺仿佛一位优雅的探戈舞者，引人注目。他的目光不经意间捕捉到了金发碧眼、身姿修长的绅士——约里奥。两人简短而友好的寒暄，为日后的交集埋下了伏笔。数周之后，命运的安排让他们在威尼斯的圣马可广场重逢，在一家弥漫着馥郁香气的咖啡馆里，约里奥一眼便认出了皮诺，而皮诺正与他的瑞士佳人悠然地享受着旅行的乐趣。两对伴侣的相遇，仿佛是老天安排，他们迅速找到了共鸣，彼此间的共同点难以计数。约里奥的热情邀请，使得皮诺对芬兰这片土地充满了向往。时光荏苒，一个多月后，库卡波罗夫妇带着旅途的疲惫与收获回到了赫尔辛基的温馨家园，却意外地发现皮诺早已在此守候多时。原来，库卡波罗夫妇为了绕道荷兰探访亲友，晚于皮诺到达芬兰。然而，这一小小的插曲并未影响到他们之间的深厚情谊，反而成为他们友谊与合作历程中一个温馨而又有趣的注脚。自那日起，两人的关系便如同细水长流，历经数十载，依然坚固如初。

1995 年，在米兰国际机场的停车场，约里奥再次意外与桑博内先生短暂邂逅，双方相互致以必要的问候后随即各自离去。然而，这次偶然相遇后不久，约里奥便收到了桑博内先生不幸辞世的正式通告，享年 71 岁。

此次旅行经历对约里奥产生了深远的影响，不仅在他内心深处播下了设计思维的种子，更为其后续的发展奠定了坚实的基础。随着时间的推移，约里奥的旅行活动日益频繁，每一次的行程都承载着新的意义与使命，国际化进程逐渐成为他职业生涯中不可或缺的一部分，这极大地促进了他的专业成长与事业发展。

不做夸夸其谈的空想家

库卡波罗一家在赫尔辛基东部，拉哈萨罗（Laajasalo）与乔拉斯（Jollas）之间的排屋区找到了他们心仪的新居。这处住所更为宽敞，为每位家庭成员都提供了独立的空间，而他们的女儿更是在花园中拥有了一个专属的游戏小屋。回溯至 20 世纪 60 年代，这一远郊地带遍布着众多小巧而温馨的住宅社区，为生活平添了几分宁静与和谐。尤为值得一提的是，别墅的后门直接通往郁郁葱葱的密林，这一特点恰好契合了库卡波罗一家既渴望亲近自然又希望保持与市中心便捷联系的愿望。曾有一段时间，皮诺也加入了这个温馨的家庭，与他们共同生活，并努力在赫尔辛基寻找一份属于自己的工作。然而，他的独特图形设计风格在当时对于芬兰的公司来说显得过于前卫与不同寻常，这也成为他求职路上的一道难关。最终，皮诺选择回到了米兰，但命运似乎总爱与他开玩笑，不久后他又带着更加光明的机遇与更好的运气，再次踏上了赫尔辛基的土地。

在乔拉斯的居所内，约里奥再次以惊人的速度投身于工作之中。那些在漫长旅途间，悄然在他潜意识里扎根并茁壮成长的创意，此刻正逐渐绽放出绚烂的花朵。他的速记笔，夜以继日地在透明的纸张上跳跃，勾勒出一幅幅设计的蓝图。他的办公桌，是购自伍尔夫（Wulff）的一块简约而不失实用的木制画板，固定其上的纸张被不断倾注着设计灵感与汗水。在约里奥的脑海中，塑料椅子的梦想已悄然酝酿多年，早在1959年曙光初现之际，他便勇敢地迈出了尝试的第一步，亲手制作了第一把玻璃纤维椅子。材料的可塑潜力，深深吸引并激发了他的无限想象力。如今，他终于下定决心，将探索的触角伸向塑料这一全新的材料领域。约里奥对机器的挤压制造过程充满了浓厚的兴趣，这一工艺不仅赋予了塑料前所未有的可塑性，更为他提供了一个广阔的舞台，让他能够自由地挥洒创意，无限拓展自己独特的设计语言。

不久，这位才华横溢的设计师已坐拥多元化的展示舞台，涵盖出口渠道、展览活动、摩登诺工作室的精心设计项目，以及备受瞩目的竞赛佳作。他的1962年日程表上填满了紧凑而充实的工作安排。同年4月，约里奥的个人展览在芬兰设计中心盛大启幕，该中心已从卡沃卡图（Helsingin Sanomat）的阿泰克（Artek）[1]展厅华丽转身，迁址至赫尔辛基的卡萨明卡图（Kasarminkatu）街卡蒂（Kaarti）大楼——一座承载着深厚历史底蕴的昔日兵营。尽管公众最初对这片新空间抱有观望态度，但如今它已焕然一新，汇聚了各式食品店、邮局及快餐连锁店，摇身一变成为城市中的新风尚地标。

《赫尔辛基报（Helsingin Sanomat）》报道称：

> “位于斯德哥尔摩汉特维克特（Hantverket）的工艺协会近期展览活动中，芬兰设计回顾展成为众人瞩目的焦点。芬兰设计中心所呈现的芬兰设计回顾，在瑞典的主流媒体如《瑞典日报（*Svenska Dagbladet*）》与《瑞典每日新闻（*Dagens Nyheter*）》等权威报刊上引发了广泛的热议。批评家乌夫·哈德·塞格斯塔德（Ulf Hård af Segerstad）先生对这场展览进行了详尽的剖析，并给予芬兰艺术极高的评价。他特别点名表扬了几位日常用品设计师，其中，里特瓦·普奥提拉（Ritva Puotila）与赖诺·科斯基（Reino Koski）的珠宝设计被赞誉为非常之作，多拉·荣格（Dora Jung）的锦缎织物令人叹为观止，乌拉·辛伯格—埃尔斯特罗姆（Ura Simberg-Ehrström）与甘内斯（Maria Boije af Gännes）的羊毛织

[1] 阿泰克（Artek）公司于1935年由四位年轻的理想主义者——阿尔瓦（Alvar）、艾诺·阿尔托、迈尔·古利希森（Maire Gullichsen）和尼尔斯—古斯塔夫·哈尔（Nils-Gustav Hahl）在赫尔辛基成立。公司的目标是通过展览和其他教育手段销售家具并促进现代生活——作者注。

物则彰显了优异的工艺水平，而麦贾·伊索拉（Maija Isola）的印花布料更使其赢得了'具有国际影响力的杰出设计师'的崇高赞誉。在家具设计领域，乌夫先生更是将库卡波罗视为一位举足轻重的杰出代表。他评价道：'库卡波罗凭借其卓越的技艺，在金属制品家具领域内独树一帜，并成为芬兰木质家具传统中的预言家，他完美地诠释了芬兰设计的核心理念。'"

《赫尔辛基报》，1962 年 4 月 20 日

这是乌夫在 1959 年米兰三年展结束后，有感而发地写出了他的评论。之前约里奥为米兰展精心打造了一款轻盈的管状扶手椅，其设计巧妙融合了实木扶手与座椅元素，自面世以来便赢得了广泛赞誉。

一周后，《赫尔辛基报》的知名评论家阿内利·托伊克卡·卡尔沃宁（Anneli Toikka-Karvonen），对库卡波罗在芬兰设计中心举办的展览进行了深入剖析：

"本次展览深入呈现了库卡波罗 1959—1962 年思如泉涌的家具杰作。他凭借卓越的创造力，赢得了国际贸易联合会的崇高赞誉，成功地为两款标志性的系列——'顶尖（Tip-Top）'与'卡西诺（Casino）'赢得了出口的配额。这一殊荣的授予条件极为严苛，仅针对极少数杰出的设计师。展览所营造的氛围依然引人入胜，每一件展品都精妙地融合了自然形态与精湛工艺的双重魅力，令人叹为观止。"

一个别出心裁的设计，便是那把置于低矮支腿之上的摇椅。或许更加引人注目的，则是型号为 2000 的塑料成型椅，其独特的杯状造型巧妙地置于金属框架上。这款椅子，以其轻盈的体态、便捷的清洁方式及灵活的移动性，成为咖啡馆、酒吧及工作场所餐厅的理想之选。只要其价格定位合理，且颜色维持如展览中那般柔和且内敛，定能赢得市场的青睐。然而，值得注意的是，红色在塑料制品中往往易给人留下廉价的印象。提及此椅，不得不提到库卡波罗的系列佳作，它们由莱波卡鲁斯公司（Lepokalusto）精心打造，并由摩登诺进行批发销售。展览家具所采用的室内装饰面料，则源自梅索瓦拉（Metsovaara）公司的匠心独运；至于皮革部分，更是汇集了弗里塔拉（Friitala）公司与国内外多家优质供应商的产品。

《赫尔辛基报》，1962 年 4 月 27 日

评论家的预言在某种层面上得到了验证。其所提及的摩登诺低腿摇椅，至今依然在生产线上持续生产。而紧接着，该系列又陆续推出了型

号仍为 2000 的 ABS（丙烯腈—丁二烯—苯乙烯聚合物）杯形椅。这款椅子被赋予了 419 号的独特编号。

摩登诺工作室终将迎来出售的命运。毛里先生不幸病倒，随后，工作室转让给位于拉赫蒂周边的一家大型家具企业——莱波卡鲁斯有限公司（Lepokalusto Oy）。其背后的掌舵人为阿克·安蒂拉（Aake Anttila），一位经历丰富、深谙商道的商人，他出手收购了整个工作室的藏品。尽管归属权易主，约里奥的杰作依旧可以沿用“摩登诺”之名，对外销售。

阿克与苏联之间商贸往来频繁，这也促使约里奥多次获邀为苏联时期各国领导的会议室、豪华酒店及其他公共空间精心打造室内装饰，发挥其卓越的设计才华。而后，工作室及其藏品再度易手，由莱波卡鲁斯有限公司转售给了新兴的家族企业——乐宝产品公司（Lepo），继续在新的舞台上绽放光彩。

值得一提的是，1962 年，约里奥为梅里瓦拉公司（Merivaara Oy）创意迸发地设计了一款镀铬软垫椅，其独特而圆润的线条设计，跨越了岁月的长河，直至 2020 年后依然保持着极高的流行度，成为设计史上的经典之作。更令人惊叹的是，这款椅子在与苏联的双边贸易中大放异彩，有数千把椅子远销海外，见证了约里奥设计的国际影响力与深远意义。

海米，认真的挚友

约里奥工作室与海米公司（Haimi Oy）的合作始于 1956 年，在艺术与设计学院的学生比赛中结下了不解之缘。两家公司携手，共同打造了约里奥的科利布里（Kolibri）系列与曼博（Mambo）系列椅子，以及经典的塞萨姆（Sesam）系列沙发。谈及海米家族企业的掌舵人冈纳·海米（Gunnar Haimi），两人相遇时他是一位中年绅士，拥有丰富的行业经验与卓越的洞察力。正是在阿泰努姆学校中，他慧眼识珠，发现了年轻的库卡波罗。彼时，海米公司正处于鼎盛时期，魅力四溢，胸怀宽广，极具权威性。一位同时代的人曾这样评价贡纳·海米：“他对待人与事都显得那么从容不迫，总是让竞争对手们保持着高度的警觉与敬畏。”

海米，这位头发逐渐斑白、经历曲折的人物，曾驾驭海洋的风浪，走过苏联的广袤土地。在 20 世纪 40 年代初，他踏上了归途，并投身于机械与木工技艺的研习，随后创立了属于自己的首个企业帝国。起初，他以运输业为基础，推着独轮车穿梭于乡间小道，以货物的搬运与售卖获取盈利。他的妻子艾拉（Eila）时常深情地回忆起那段携手并肩、逐步拓展贸易版图的往昔岁月。时光荏苒，至 1955 年，冈纳・海米已跃然成为芬兰的社会中坚人士，坐拥家具工厂与繁华店铺，其影响力不可小觑。在赫尔辛基的城市中心地带，曼纳海姆（Mannerheimintie）大街 14 号，一座矗立于城市中心边缘的新文艺复兴风格建筑，曾是海米公司商业版图的辉煌见证。然而，这座宏伟的建筑却未能摆脱时间的侵蚀，于 1960 年黯然消逝于历史的尘埃之中。彼时，海米公司不仅掌控着该建筑底层的繁华商铺，更将建筑三、四、五层及阁楼纳入公司，有员工三十余人，属于当时较大的企业。

在 20 世纪 60 年代初，冈纳・海米成功购入了赫尔辛基劳塔萨里岛的一片土地。在这片土地上，他精心构建了位于威尼特基吉安蒂区域的专属工厂大楼，该大楼集生产、样品车间及物流功能于一体。毗邻此地的，是奥索・皮蒂宁（Otso Pietinen）的摄影工作室、希奥特・奥纳斯（Hiort af Ornäs）的工作室，以及斯特拉瓦利莫・帕普（Specialvalimo Pap）——一家由 1959 年移民芬兰的匈牙利杂技演员所创立的铝铸造厂。皮蒂宁与帕普，这两位杰出的艺术家与企业家，随后成为库卡波罗不可或缺的合作伙伴。库卡波罗夫妇的零售店坐落于曼纳海姆大道（Mannerheimintie）五号新学生会大楼的地下室，这一位置在赫尔辛基市中心堪称无可比拟的黄金地段。

值得注意的是，尽管海米一度因类似摩登诺的合作项目而与约里奥的关系出现了短暂的疏离，但他始终坚守在木制家具的生产领域，直至 20 世纪 60 年代初。而库卡波罗夫妇在结束奖学金之旅后，便携手开启了与海米公司长达二十多年的合作新篇章。

借助安泰产品系列（Ateljee）走向全球

约里奥不懈地探索着一种创新的极简主义设计语言。对于他而言，室内设计绝非仅仅是审美偏好的展现，而是一场关于功能实现过程的挑战。他着手构思一款集简约与舒适于一体的家用椅子，并风趣地将其构想形容为“将木盒巧妙地嵌入几块垫子之中”。椅子的侧板独具匠心地构成了一个别致的缺角正方形框架，这一设计不仅展现了独特的视觉张力，更赋予了椅子独特的艺术魅力。在材料的选择上，约里奥独具慧眼地采用了泡沫材料作为椅子的填充物。这种材料不仅易于加工，还赋予使用者无限的创意空间。他们可以根据自己的喜好，利用刀具自由切割和塑形，从而打造出独一无二的椅子形态，这极大地提升了椅子的个性化和实用性。随着设计构想的日益完善，约里奥更是亲力亲为，为椅子缝制了洁白的棉质坐垫套。

此外，约里奥还精心设计了一套安装方案，确保那些经过精心挑选的面板能够通过螺栓稳固地连接在轻巧的框架之上。

随后，霍波宁参与进项目中。他构思了一种管状框架的设计，这种设计能够便捷地组装在一起，无须复杂的焊接或黏合工艺。在此过程中，赫泰卡（Heteka）这一在20世纪50年代风靡一时的金属床设计被巧妙借鉴，其卫生且轻便的特点成为灵感来源。这一结构自然而然地演变为模块化设计。每个模块均配备稳固的腿部，确保沙发在延展的同时，各部位依然坚固。尤为值得一提的是，座位底座特别采用了橡胶带设计，它们被紧密地固定在管状框架上，犹如现代版的马鞍带，既实用又美观。至于连接部件，霍波宁巧妙地选用了小金属钩，这些钩子能够轻松地插入金属框架上预先钻好的孔洞中，实现了结构的稳固连接。原型产品随即在家中进行了初步测试，孩子们兴奋地用靠垫支撑出了一个温馨的小窝，而伊尔梅丽则惬意地蜷缩在其中，沉浸在小说的世界里。

时间流转至1963年，这件凝聚了匠心与创意的设计作品已整装待发，准备展示给海米。此前，海米曾向约里奥询问是否有新作问世，如今，这份答卷即将揭晓。

安泰系列（工作室杰作）凭借其清新脱俗、轻盈舒适的外观迅速走红。该系列结构设计独具匠心，即便不依赖繁复的填充物，依然展现出其一贯的简洁质感。靠垫的材质选择灵活多样，可随心所欲地更换，而面板框架的调节功能更是增添了使用的便捷性。在生产初期，框架的精妙涂漆便产生了出人意料的艺术美感：经典的红、蓝、黑三色成为系列的标志性色彩。此外，还提供了桦木、红木及柚木等多种实木饰面选项，满足消费者的个性化需求。海米特意邀请约里奥打造该椅子的沙发版本，进一步拓展和丰富系列的产品线。

如今，海米对库卡波罗的洞察力与判断力充满了更深的信赖。公司同步推出芬兰杰出设计师赖诺·鲁科莱宁（Reino Ruokolainen）的时尚实木家具系列，并荣幸地获得了意大利知名设计师托比亚·斯卡帕（Tobia Scarpa）的授权，生产其设计的巴斯蒂亚诺（Bastiano）椅子。这些合作不仅丰富了安泰系列的产品线，更彰显了品牌的国际视野与卓越品位。

安泰系列的日益壮大并非偶然，这一名称本身便蕴含着深厚的意义——它源自乔拉斯新工作室的一角，那里不仅是创意的摇篮，更一度作为温馨的家庭起居室。这份自然而然的联结，让安泰系列不仅仅是一件家具，更是一种生活态度的展现。

安泰系列在 1964 年的科隆国际家具展上初次登场，其卓越的简约风格与随性优雅的形态赢得了广泛的赞誉。展会现场，首款安泰椅子迅速售罄，彰显了其市场魅力。公司销售精英、前战斗机飞行员尼尔斯·特龙蒂（Nils Trontti），凭借其杰出的才华与热情，不断推动交易，并以独特的待客之道促进了业务的蓬勃发展。他更因被一位年轻女士吸引，还慷慨地赠送了一套完整的沙发给她。关于沙发系列的运输问题并未成为阻碍。然而，遗憾的是，最初的那款安泰椅子模型却遗失了。

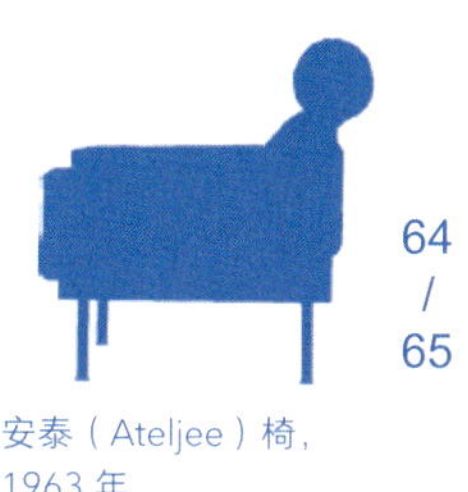
安泰（Ateljee）椅，1963 年

纽约的海米办事处代表提出了一个极具前瞻性的建议，即将这款产品提交给由美国现代艺术博物馆（MoMA）举办的竞赛。1965 年，安泰椅凭借其卓越的设计成功被 MoMA 永久收藏，这无疑是对其艺术价值的最高肯定。

约里奥本人认为，
安泰椅之所以备受欢迎，
其根本原因在于其极致的简洁性。
这种设计使得它能够在每一个新的
十年里轻松地进行更新与演变。
通过时尚色彩与木质构件的搭配，
安泰椅能够完美融入任何环境。

约里奥本人认为，安泰椅之所以备受欢迎，其根本原因在于其极致的简洁性。这种设计使得它能够在每一个新的十年里轻松地进行更新与演变。通过搭配时尚的色彩与木质部件，安泰椅能够完美融入任何环境。

乔迁到托勒（Töölö）公寓的心情

乔迁托勒（Töölö）公寓的约里奥

这时约里奥的家已从乔拉斯仙境森林搬迁至托勒的一栋优雅城市别墅中。新家坐落在鲁内伯根卡图街（Runeberginkatu）与曼纳海姆街（Mannerheimintie）的交会处，恰好位于昔日卡累利阿药房的对面。这里，全家选择了一处宽敞宜人的三居室公寓。该公寓的建造得益于一位来自考尼宁（Kauniainen）的银行经理的慷慨相助。自 1963 年起，伊萨便踏入了鲁斯凯阿苏（Ruskeasuo）的斯坦纳（Steiner）学校，开始了她的学生生涯。艺术家的新居地理位置优越，不仅位于城市的心脏地带，更有 10 路电车穿梭其间，直达学校与海米的店铺，这为日常生活带来了极大的便利。此外，每周还有一位勤劳的土豆摊贩，驾驶着马车从埃斯波（Espoo）远道而来，于街角处驻足，售卖着各式根茎类蔬菜。

远眺窗外，昔日苏门·索克里（Suomen Sokeri）糖厂的遗址映入眼帘，这座工厂标志性的烟囱在 1965 年遗憾地被拆除。彼时，众多居民聚集在客厅的窗前，共同见证了那震撼人心的工厂烟囱爆破瞬间。随着一声震耳欲聋的轰鸣，那座雄伟壮观的砖砌烟囱逐渐分解塌落，最终消失在漫天飞扬的水泥尘埃与尘雾中。

随后，这片土地上矗立起崭新的国家歌剧院，而约里奥更是被委以重任，负责设计歌剧院内部的座椅布局。然而，这一切在当时并未为我们所知。

这座房屋设计紧凑，沿袭了传统建筑风格，旁边还巧妙搭配了一间女仆房与小巧的厨房，这些构成了伊萨的私人天地。在那个时代，冰箱尚未普及，食物便精心存于厨房一隅的凉爽食品柜中，以保持其新鲜与美味。

我们从楼下的杂货店购置食物。我们将牛奶小心翼翼地倒入自备的瓶子里，而鸡蛋则经过光线的仔细检查，以确保我们不会不慎购得小鸡的胚胎。那些曾经摇摇晃晃的玻璃牛奶瓶后来已由一种出色的塑料制品所替代，这标志着我们正稳步迈向现代化。

随后，库卡波罗家迎来了一位新成员——UPO 脉动洗衣机。这款洗衣机凭借其独特的滚筒挤压技术，可以高效去除衣物水分。回忆往昔，洗衣日总是充满忙碌。那时，爸爸需在浴室中亲手转动洗衣机手柄，让床单在筒中翩翩起舞。约里奥自己身着一件源自陆军剩余物资的浅色法兰绒衬衫，其领口采用时尚的尼赫鲁式（Nehru）设计，肩头则点缀着精致的金属纽扣。然而，这些看似完美的纽扣却在洗衣机的滚筒中遭遇了不幸，它们扭曲变形，最终导致洗衣机的堵塞。值得一提的是，类似这样的纽扣也曾出现在沃科（Vuokko）为玛丽梅科（Marimekko）公司设计的约卡皮卡（Jokapoika）衬衫上。这款诞生于 1956 年的衬衫，在当时几乎成为每个男孩的标配，其独特魅力至今仍在某些衬衫设计中得以延续。

约里奥收藏的中国明代文官画像

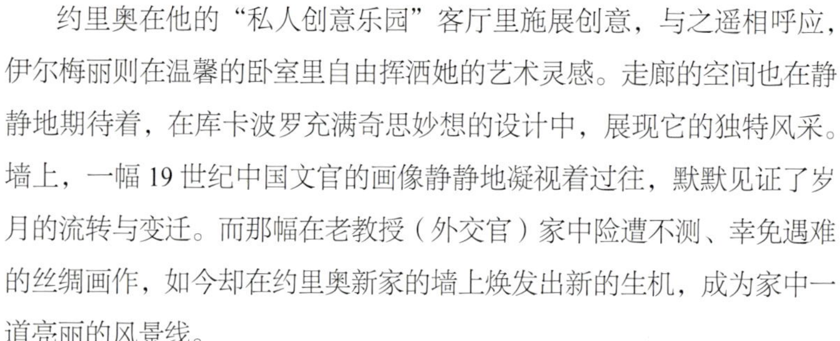

约里奥在他的“私人创意乐园”客厅里施展创意，与之遥相呼应，伊尔梅丽则在温馨的卧室里自由挥洒她的艺术灵感。走廊的空间也在静静地期待着，在库卡波罗充满奇思妙想的设计中，展现它的独特风采。墙上，一幅 19 世纪中国文官的画像静静地凝视着过往，默默见证了岁月的流转与变迁。而那幅在老教授（外交官）家中险遭不测、幸免遇难的丝绸画作，如今却在约里奥新家的墙上焕发出新的生机，成为家中一道亮丽的风景线。

访客之中，一位独特的身影引人注目——那便是移居芬兰的美国艺术家霍华德·史密斯（Howard Smith）。他那与众不同的非洲裔发质，令芬兰的理发师们纷纷感到棘手，霍华德也不免流露出一丝无奈与失望。此时，霍华德的挚友，平面设计师泰穆·利帕斯蒂（Teemu Lipasti）提出了一个别出心裁的建议：为何不请伊尔梅丽身手一试？毕竟，她经常为约里奥打造出与众不同的发型。于是，霍华德带着他那标志性的爽朗笑声和略显蓬松的发型，踏入了库卡波罗的温馨居所。尽管伊尔梅丽全力以赴，但在霍华德那独特的发质上，留下的仍然是一些略显随意的痕迹，未能完全展现出她精湛的手艺。两人相视而笑，默契地达成了共识：在芬兰，或许霍华德更适合尝试更为简洁利落的短发造型。然而，这次略显尴尬的理发经历，却意外地成为他们之间深厚友谊的催化剂。在欢笑与理解中，两人的关系更加紧密，共同书写着跨国友谊的美好篇章。

卡路赛利（Karuselli）椅，1964 年

卡路赛利（Karuselli），梦想成真

约里奥对玻璃纤维应用的执着一直难以掩饰。时至1960年，他已成功掌握玻璃纤维的塑形方式。然而，十年光阴过去，约里奥却对这件庞大而沉重的作品感到深深的挫败，最终忍痛割爱，将其舍弃。尽管这把椅子仅留下一张照片作为纪念，但它却足以证明库卡波罗不懈地探索与构建自己独特的设计语言，这正是他20世纪60年代所执着追求的目标。库卡波罗始终坚守自己的步伐，不受外界干扰，因此，他的公寓大厅逐渐蜕变成为一个充满创意的石膏创作工坊。

多年来，约里奥始终致力于打造一把无与伦比的完美躺椅，它需精准地支撑身体的每一寸，让使用者能享受到极致的放松与舒适。如今，他终于找到了通往这一理想境界的钥匙。

通过精妙地运用一层既轻薄又柔韧的金属网，从头部到脚部紧密贴合身体背部曲线，约里奥精心雕琢出了一个预制的形体轮廓。随后，他又巧妙地以浸透石膏的麻布覆盖其上，进一步细化了这把躺椅的独特形态与质感。这是雕塑界常被采用的经典工艺技法，然而，在椅子制作领域却鲜有应用。这一技法为约里奥提供了一个轻薄如蛋壳的模型，使他得以着手创作。随后，他在自家公寓的大厅里，全身心地投入到为期一年的雕塑工作中。通过层层叠加石膏材料，并运用雕塑家独有的工具进行精细雕琢，他成功地塑造出了一个形态独特的作品，随后将其置于桌上，以便进行更为细致的审视。

库卡波罗阐述道："我深入细致地审视了这个预制品的每一个细节与角度。我清晰地预见并深刻铭记，椅子即将展现的形态与风貌，所有准备皆已完备。"

至1964年末，随着石膏掀起的尘埃缓缓散去，约里奥已成功制作出数块玻璃纤维层压板。

他已细致雕琢座椅的形态，但椅子腿的构造仍成为棘手难题。约里奥起初尝试在底座下方嵌入金属框架以增强稳固性，然而效果并未如他所愿。他原本的意图是创造一种独特的腿座设计，使得杯形椅的轮廓更加鲜明，线条更加流畅。他期望观者的目光能自然而然地落在扶手上，瞬间感受到椅子的精妙之处——为了营造这样的视觉享受，椅子必须兼备自由旋转的灵活性。于是，他再次深入思考，最终构想出一种融合了轴承技术的十字形底座，以应对这一挑战。

随后，他灵机一动，构想出了将基座与弹簧钢拱巧妙连接的设计，并立即联络了霍波宁来付诸实践。历经无数次金属基座制作方法的尝试与失败后，他最终做出决定，将整个模具的制作任务转向成本更为适宜的玻璃纤维。约里奥深知自己无力承担昂贵的铝铸件费用，也未曾考虑过寻求外部赞助的可能。紧接着，他迅速领悟到，为了确保制作的便捷性与实用性，基座还必须保持平整。

这个特点成为库卡波罗设计产品的显著特征。他巧妙地利用材料的特性，并严格遵循自然物理法则。这一设计理念促使底座在卡路赛利椅子中实现了美学上的无缝融合，同时在其实体下方预留了充足的空间，以便容纳轴承座。

设计即将圆满完成，随后库卡波罗开始专注于玻璃纤维的内饰装饰环节。在初步展示的几款作品中，座椅上的皮革设计别出心裁，被形象地赋予了“足球”的昵称，正如约里奥所生动描绘的那样。皮革材质经过细腻的缝合工艺精心塑形，底部则铺设了不同厚度的泡沫橡胶，以提供舒适的坐感。边缘巧妙地采用按扣固定方式，既美观又实用。约里奥将其比作量身定制的休闲椅外套，完美贴合人体曲线。此外，还特别增设了按钮设计，旨在方便用户轻松更换内饰，满足个性化需求。约里奥，这位对创新充满无限热忱的设计师，始终秉持着赋予椅子使用者自由定制权利的核心理念，不断探索与突破。

然而，内饰更换后，可能会遇到不完全贴合的难题，导致皮革在两侧略微凸出。针对这一问题，随着卡路赛利系列产品逐步迈向工业化生产阶段，其附着方式逐步得到了优化与调整。

旗舰店革命

卡路赛利产品系列蓄势待发，即将席卷全球。

1964 年 9 月，随着约里奥的躺椅原型几近完美，他首次将其带入赫尔辛基市中心的海米家具店进行展示。上午 8 点，店内销售人员已齐聚一堂，静待这一时刻的到来。当冈纳·海米初次目睹这把椅子时，他的内心被深深地震撼，以至于他难以掩饰自己的惊叹之情。事后，他向约里奥坦言，那一刻的他竟不知该如何恰当地表达自己的那份惊诧与疑虑。椅子的出现，仿佛拥有一种魔力，瞬间吸引了所有员工的目光。他们不约而同地围拢过来，静默地端详着这把看似普通却又非同凡响的躺椅，心中充满了对未知的期待与好奇。

这时一位陌生人意外踏入店内，他恰好在赫尔辛基出差期间，透过窗户瞥见了一些引人入胜的景致。在获得许可后，他开始在店内自由参观。当他的目光落在一张椅子原型上时，好奇地询问其来历。店员告知他，目前正在考虑是否将这款椅子推向市场。这位来自库奥皮奥的牙医，欣然坐到了椅子上，轻轻旋转了几圈，随后满意地点评道："真不错，我决定要一个。"冈纳闻言，心中大石落地，确信这款椅子定能赢得市场的青睐。

卡路赛利（Karuselli，即旋转木马）这一名字背后，蕴含着一个温馨的故事：当库卡波罗在家制作椅子即将完成时，伊萨兴奋地坐在上面旋转，欢声尖叫道："这简直就是活生生的旋转木马！"随后，库卡波罗跃居海米公司首席设计师之列，并被誉为艺术总监。他在公司内拥有专属的工作区域，能够与生产部门无缝对接，这极大地促进了创意与生产的融合。对于约里奥而言，这种无缝协作正是他所推崇的。他热衷于直接在生产过程中注入创意，从技术难题的解决中汲取灵感，进而催生新的设计理念。为此，约里奥精心挑选了多位得力助手，共同开启了一段玻璃纤维设计的全新旅程。在他的摸索制作下，一款专为卡路赛利量身打造的脚凳应运而生，它以其完美的舒适度，让人们在放松身心的同时，仿佛置身于梦幻般的旋转木马之上。

起初，卡路赛利椅子是在海米自家的工厂中，通过精湛的手工技艺制作而成的。当时，年轻的玻璃纤维大师哈里・萨洛宁（Harri Salonen）是这一项目的主要参与者。退休后，他依然对这款椅子充满热情，并在自己的工作室里继续从事修复与制作工作。

该型号在制造过程中不断优化与精进。前一千把椅子的坐垫，均出自软包工艺大师亚恩・赫沃宁（Aarne Hirvonen）的精湛之手，他作为此领域的卓越专家，最适合担此重任。卡路赛利的坐垫工艺极为精细且考究，不仅要求配备专属定制模具，还需技艺高超的图案工艺制作工匠倾注心血，进行精心缝制。

然而，坐垫与椅子间常用的按扣连接方式在欧洲市场却屡遭诟病。尤为遗憾的是，瑞士客户对椅子的一致性追求近乎苛刻。鉴于此，公司遗憾地决定采用胶水和铆钉的稳固连接方式，即便这一转变自 1965 年起便成为卡路赛利坐垫的标准解决方案，约里奥也不得不妥协接受。约里奥曾直言不讳，生产卡路赛利犹如打造一辆精密汽车，从材料甄选到工艺流程，皆需恪守严格的工业化标准，两者在工艺层面的严苛要求上确实有着异曲同工之处。

卡路赛利首次惊艳登场是在 1965 年 1 月举办的科隆展会。约里奥记忆犹新，邻近摊位的意大利人在步入海米展台的那一刻，有些瞠目结舌。芬兰设计的独特魅力，何以引起如此惊叹？

自那日起，卡路赛利始终保持着稳健的生产步伐，并逐渐在国际舞台上赢得盛誉。其名声大噪的关键时刻，莫过于 1966 年荣登意大利权威设计杂志《Domus》的封面。此番殊荣，得益于意大利杰出建筑师吉奥・庞蒂（Gio Ponti）的鼎力推荐，该杂志在设计界享有举足轻重的地位。谈及封面图片的拍摄过程，亦是别有趣味。约里奥运送卡路赛利至劳塔萨里（Lauttasaari）海滩，精心布置，力求捕捉每一个激动人心的瞬间。正当镜头聚焦之际，意外之喜悄然而至——芬兰海域上，意大利货轮“阿基莱・劳罗（Achille Lauro）”缓缓驶入视线。约里奥迅速调整构图，将船只与椅子完美融合于画面之中。

那次幸运的拍摄，最终让卡路赛利椅荣登《Domus》杂志封面。

1998 年，《纽约时报》发起了一项活动，邀请全球的建筑师、哲学家及设计师们共同评选出现代世界中最具标志性的创意产品。最终，18 项杰出设计脱颖而出，涵盖了从飞机到电灯泡，再到筷子等日常生活的各类发明。而在众多入选产品中，唯一一把椅子便是库卡波罗备受赞誉的卡路赛利椅。

实用的设计方法

约里奥从一款配备头枕与脚踏板的宽敞休息椅出发，精心构思并推出了各个系列的产品或艺术藏品。他巧妙地通过缩减尺寸与调整形态，赋予了这些设计以无限可能的功能性，甚至延伸到了吧凳的制作。历经数十载的精心打磨，这一系列作品不仅成为当时制造工艺、材质选用与视觉美学的典范，更见证了设计理念的迭代与升华。

在玻璃纤维风靡一时的年代，约里奥独树一帜，选择以石膏为基材，亲手打造每一把椅子的原型。这一决策背后，是对成本效益的精准考量——石膏与渔网成本低廉，却足以承载他对创新与实用的不懈追求。他坚信，即便在这样的条件下，也能激发出无限的创造力与可能性。随后，在卡路赛利风潮渐退的十多年间，约里奥更是将这一理念发扬光大，设计并制作了数十款融合玻璃纤维与塑料元素的椅子。这些作品不仅彰显了他对材料的深刻理解与灵活运用，更成为他设计生涯中不可或缺的华彩篇章。

土星系列（Saturnus）产品延伸出414、416、417、418等众多版本。在美国，其中418椅子更是在面向公众的“坐姿比赛”中脱颖而出，荣获大奖，进而成为热销产品。回溯至20世纪60年代，卡路赛利在美国也取得了不俗的销售业绩。约里奥自视为一位充满激情的设计师，他沉浸在创作的狂热之中，设计出各式大小的椅子，无论是用于家庭、酒店、办公室，还是其他任何场所。社会的需求量空前巨大，反响极为热烈。这一盛况的出现，既归功于市场经济的繁荣，也更深层次地反映了社会和文化的全面解放，以及对未来发展的坚定信心。与此同时，波普艺术的蓬勃发展也为这一趋势添上了浓墨重彩的一笔，而塑料椅子的独特造型与波普艺术的特色风格完美融合，相得益彰。

土星（Saturnus）椅，1966年

20世纪60年代的精神

20世纪60年代，一股变革的浪潮汹涌而至，深刻地影响了库卡波罗夫妇的生活与创作领域。在那个社会动荡的时代背景下，设计语言、形态的可塑性以及艺术的独特魅力均发生了显著变化。尽管约里奥对政治领域兴趣寥寥，而是毅然投身于艺术与科学的变革怀抱，尤其是在形式与色彩的运用上，巧妙地融入了波普艺术的精髓，又不失时机地借鉴了登月场景的壮丽元素。

波普艺术此时如同一股强劲的旋风，不仅席卷了建筑领域，也深刻影响了当时的家具设计界。在库卡波罗的设计作品中，尽管他始终坚守着人体工程学的核心原则，但我们仍可以窥见鲜艳色彩的跃动与古怪形状的尝试。约里奥曾大胆尝试使用完全由实心泡沫块构成的座椅设计，然而这一创新之举却是转瞬即逝。与此同时，诸如皮诺·米拉斯和泰穆·利帕斯蒂等杰出的平面艺术家，通过他们创意勃发的插图与宣传册设计，为各大展览空间增添了无尽的色彩与活力，共同编织出一幅波普艺术的多彩画卷。

泰穆，这位才智横溢的青年才俊，在20世纪60年代与约里奥多次携手合作，共创佳绩。他独特的创作风格自由不羁，又不失轻松惬意，与约里奥追求的质朴且富有实用性的目标不谋而合。得益于蒂姆的加入，约里奥开始着手打造一系列宣传册，这些作品即便时至今日，依然展现出新颖而现代的风貌。它们巧妙地融合了罗伊·利希滕斯坦（Roy Lichtenstein）标志性的漫画艺术风格与包豪斯美学的精髓，形成了一种别具一格的视觉体验。

约里奥期待宣传手册能够直观呈现椅子的结构设计及其卓越的人体工程学特性。泰穆巧妙地实现了这一目标，成功打破了传统家具公司宣传册的沉闷框架。然而，约里奥之前在博曼家具厂的工作经验让他深知，在家具目录中通过索引图片详尽展示每一款模型的细节是至关重要的。此次宣传册的拍摄项目，泰穆携手库卡波罗精心策划，他们别出心裁地邀请了海米的员工及其亲朋好友担任模特，营造出一种温馨而自然的氛围。从 1965—1967 年，海米的销售目录几乎化身为一部生动的员工家庭相册，它不仅记录了工厂车间工人的身影，还囊括了全公司的管理层、艺术家、设计师、建筑师等各界人士的风采。而泰穆的阁楼公寓，则常常成为大家欢聚一堂的场所，他的宠物兔埃斯特里（Esteri）更是成为聚会中的特别嘉宾，自由穿梭于宾客之间，留下了无处不在的粪便痕迹。

设计师合作伙伴关系

对约里奥来说，与建筑师的紧密合作始终具有无可估量的价值。他将家具设计融入建筑整体，这被视为一次拓展并完善自己视野的宝贵机遇。

参与大型项目的整合过程，无疑为约里奥的单一模型乃至整个产品线注入了鲜活的灵感。在芬兰这个专业圈子相对较小的国度，每张面孔几乎都是彼此熟悉的。当地建筑师只需一通电话，便能轻松找到并询问约里奥是否已为其室内设计构思出新颖的设计方案。一次偶然的机会，约里奥应允了一位客人的探访请求，尽管那时他尚处于家具模型的初步制作阶段。当建筑师马蒂·贾蒂宁（Matti I. Jaatinen）踏入工作室时，目光即刻被那些预制品所吸引，他毫不犹豫地表示希望将这些家具融入自己的酒店项目中。正是这次拜访，催生了土星系列（Saturn）椅子的首个版本。这些椅子随后经精心制作，于 1972 年被布置在盛大开业的瓦萨的兰塔洛马（Rantaloma）旗下的瓦斯基（Waskia）酒店内。

约里奥在塑料家具艺术探索的初期邂逅了英国著名的室内设计师泰

约里奥一直很珍视
与建筑师的合作，
认为有机会将家具设计
作为建筑的一部分，
会激发他的创意并拓展
他的视野。

伦斯·康兰，后者曾在20世纪60年代踏上芬兰的土地。作为英国生活方式变革的先驱，康兰对西方室内设计领域产生了深远且巨大的影响。他对卡路赛利椅那独特的全身包裹形态与全新外观情有独钟，萌生了在英国授权生产这款椅子的念头。那年冬季，康兰再次造访芬兰，恰逢大雪纷飞之际，他以典型的英国式幽默构想了一个关于卡路赛利椅诞生的趣闻。在这个故事中，他构想了一位沉醉于伏特加中的设计师库卡波罗，不慎跌入雪堆，却因此激发了椅子的设计灵感。这一传说逐渐演变成为一个独立成篇的故事，甚至在某些时候被误传为真实事件。然而，事实上，滴酒不沾的库卡波罗从未有过这样的经历。多年来，泰伦斯·康兰不仅在英国成功制作还销售了卡路赛利椅子，更成为这款椅子的忠实拥趸，直至生命的最后一刻。

库卡波罗在塑料椅设计领域的产业化探索起始于20世纪70年代初期，率先将ABS材料融入椅子设计领域。

他对塑料制品的大规模高效生产抱有浓厚热情，并巧妙地施展真空成型、加热处理及塑料板弯曲等精湛工艺，围绕精心设计的模具，打造出独具特色的聚丙烯椅子。这些椅子的骨架部分在芬兰群岛中风光旖旎的里马提拉（Rymättylä）造船厂内被精心雕琢而成，借助工厂内庞大的机械设备之力，实现了椅子的批量化生产，单次操作即可成型六把椅子，效率高。在生产线上，六个模具井然有序地排列着，当材料被精准地吸附到模具之中，仿佛时间在这一刻凝固，随后瞬间绽放出椅子的完美形态。这一幕对于约里奥而言，犹如目睹了一场令人叹为观止的魔术表演，充满了惊奇与赞叹。

约里奥认为自己已寻得专属的工业设计语言，这一发现深深根植于制造技术的土壤之中。这种语言并非如玻璃纤维般无拘无束、随心所欲；相反，其设计过程更加倾向于严谨的数学逻辑。在探索玻璃纤维以外的材料时，约里奥意识到，形状的设计必须强化结构体系的稳固性。然而，他开始对玻璃纤维的制作与塑造产生了复杂的情感，尽管他曾对它怀有深厚的热爱。他发现玻璃纤维难以驾驭，且略显单调，原因在于其超乎寻常的耐用性。其抗折强度之高，使得无论施加何种外力，它都能保持原有形态，这对约里奥而言，并未构成足够的设计挑战。与此同时，当约里奥与其他塑料材料（无论是注塑成型还是真空成型）打成一片时，他发现造型成为一个真正的难题。这一挑战反而激发了他的创造力，为 ABS 塑料赋予了别具一格的设计语言。约里奥感觉，他已经在工业设计领域找到了属于自己的独特风格。然而，值得注意的是，在这一阶段，生态环保的问题尚未成为他们讨论的焦点。

家具世家

海米本质上是一个家族式企业，其中汇聚了冈纳·海米的数名家族成员，包括他的侄子米科·劳西（Mikko Raussi）。米科以其天生的外交手腕著称，总能与人友好相处，营造和谐的氛围。公司因他随和而富有魅力的领导风格蒸蒸日上。鉴于冈纳本人精通芬兰语并略通俄语，他深谙语言在业务拓展中的重要性，因此乐于聘请语言能力出众的人才加入销售和营销团队。在当时，公司的宣传册更是精心制作，以五种语言呈现：芬兰语、德语、法语、英语及瑞典语，展现了其国际化视野与战略布局。

销售员奥维·格鲁恩·海米尔塔（Ove Grüne Haimilta），是团队中一位别具一格的人物。他不仅是销售领域的高手，还是一位业余赛马骑师，这种跨界才华令人赞叹。奥维总能在工作中游刃有余，展现出从容不迫、优雅大方的气质。他留着帅气的黑发，常穿着马球衫与粗花呢夹克。

库卡波罗一家现已成为海米家具企业大家庭不可或缺的一部分。在海米的工厂内，他们仿佛置身于专属的创意乐园，而曼纳海姆（Mannerheimintie）商店，则化身为他们的第二个温馨住宅，为他们提供灵感与放松的空间。商店对面的凯沃皮哈（Kaivopiha）餐厅，其用餐区位置得天独厚，成为员工们午餐小憩、轻松交流的理想之地。商店精心打造的充满 20 世纪 70 年代情怀的红色室内装饰，靠的是佩卡·佩乔（Pekka Perjo）独特的艺术眼光。这份经典风貌一直延续至 20 世纪 90 年代末，才迎来新的蜕变与升级。

站在店铺的窗前，他们得以安然观赏窗外风景，同时，也静静见证了 1968 年那段历史所经历的政治风云与沧桑变迁。

在芬兰，学生抗议的焦点并未直接针对设计本身。然而，在 1968 年米兰三年展上，芬兰展区却意外地成为激进学生运动的攻击目标。当时约里奥有个重要使命，担任芬兰艺术与设计协会举办的"人类与色彩"展览的设计师。不幸的是，学生们占领了展览大厅，对这场被视为精英化的设计展览表达了强烈的不满与抗议。约里奥对于三年展未能向公众全面开放深感遗憾，尤其是芬兰展区的设计理念，布置时特意选择了贴近日常生活的物品作为主题，如锅具、颜料和纺织品等，这些都是普通民众日常使用的物品。他原本期待通过这些展品，让更多人了解并欣赏设计之美。

与此同时，在赫尔辛基，学生激进运动的兴起，如同全球范围内同类运动一样，悄然在商店橱窗前蔓延。它们如同无声的电影一样传递着信息，但这股浪潮并未对设计领域产生实质性的冲击或特别影响。

海米公司在其巅峰时期，产品成功打入澳大利亚、美国，以及南美洲及欧洲等国际市场。约里奥依旧全身心投入于生活椅子系列的设计与推广之中，其作品始终深受市场青睐。他曾为坐落于前南斯拉夫的萨格勒布（Zagreb，Yugoslavia）的国际贸易协会设计芬兰展区，并荣幸地接待了铁托（Tito）总统的莅临参观。约里奥的家具作品更被选至凯科宁（Kekkonen）总统的塔米尼耶米（Tamminiemi）官邸，因此他频繁受邀出席总统举办的独立日舞会。然而，这并非友情的象征，而是高层对他卓越工作的认可与赋予的殊荣。

库卡波罗夫妇秉持着谦逊与低调的生活哲学。初入舞会殿堂，丽塔·伊蒙宁（Riitta Immonen）工作室为伊尔梅丽量身定制了一条简约而不失优雅的棉质连衣裙，以渐变绿色调巧妙搭配，上身沉稳深绿，下身转为鲜亮草绿，营造出和谐而富有层次的视觉效果。而约里奥，则多年如一日地偏爱那套经典的沃科（Vuokko）西装，其独特的尼赫鲁（Nehru）领设计彰显了他的独特个性。他坚持不佩戴白色领带，以此表达他对舞会场合的尊重。

在最后一次舞会盛宴中，伊尔梅丽以一袭由知名时装设计师宝拉·海瓦嘉（Paula Häiväoja）匠心打造的深银色闪亮针织长裙惊艳全场。该裙装袖口与下摆设计简洁流畅，无丝毫冗余装饰，尽显高级质感。搭配海瓦嘉亲自设计的雕塑银项链，整套造型既时尚前卫又独具匠心，引领了当时的潮流风尚。

低调而谦逊

虽然媒体频繁地将焦点对准约里奥，但这些宣传并未在他心中激起太大的波澜。当然，家乡的亲朋好友对埃里克大哥及其子库卡波罗所取得的辉煌成就感到由衷的惊喜与自豪。可是，约里奥的成功似乎并未给他的父母带来生活上的显著变化，尽管在伊马特拉那温馨的小屋里，摆放着一把卡路赛利椅子，以及约里奥亲手绘制的玫瑰画。它们可以静静地诉说着这份成就。

埃里克因长期习惯于画家的生活作息，不幸患上了肺气肿，并在 20 世纪 60 年代末期遭遇了病情的急剧恶化。当 1977 年约里奥被赫尔辛基艺术与设计大学委以教授及校长重任时，埃里克已躺在医院的病床上。约里奥告知父亲，并与其分享这份欣喜，他能感受到埃里克对他成就的认可，尽管那时父亲或许还未全然理解这一职位所承载的分量。埃里克于 1978 年离世，而伊娃则又度过了 19 年时光后，于 1997 年离世。

一次归家之旅中，伊娃珍藏的剪贴簿意外曝光，其外层覆以精致的玛丽梅科（Marimekko）布料，内里满载着关于她儿子约里奥的珍贵报纸剪报。这份秘密，她从未向约里奥透露。每当约里奥踏入伊马特拉的土地，他便会瞬间化身为“妈妈的宝贝”，用那熟悉的卡累利阿方言与母亲畅谈不休。唯有父母离世之际，他才得以挣脱内心的卑微束缚，然而情感上的羁绊，或许将伴随他至生命的尽头。

伊娃在伊马特拉的萨雷克辛马克（Saareksiinmäki），一座由约里奥精心设计、埃里克亲自建造的小屋中，安然度过了她的余生。每一个忆起伊娃·库卡波罗的人，脑海中都会浮现出她以欢快而充满活力的声音，报出那串独特的“1537”电话号码的场景。

一间属于自己的工作室

在 20 世纪五六十年代，约里奥凭借其卓越才华赢得了众多奖项。身为一名学生，他积极参与社会举办的各项竞赛，屡屡为公司斩获生产合同，其独特的设计理念和高效的工作方式更是吸引了媒体的广泛关注。约里奥以近乎偏执的勤奋投身于工作之中，几乎从未有过闲暇时光去旅行或休息。然而，这些奖金为他带来了宝贵的艺术自由，使他得以全身心地投入到自己的创作中。

1961 年，那场穿越欧洲的漫长旅程终于圆了约里奥对冒险的憧憬与向往。而到了 1966 年，当他荣获龙宁奖（Lunning Prize）这一殊荣时，他问奖项委员会成员奥洛夫・古姆梅鲁斯（Olof Gummerus）：是否可以将整笔奖金用于旅行？古姆梅鲁斯先生明确表示，获奖设计师完全有权自行决定奖金的使用方式，这无疑为库卡波罗夫妇带来了振奋人心的好消息。

约里奥在荣获龙宁奖时，已步入 32 岁的而立之年。在海米工厂，他已然拥有一片专属的工作领地；而伊尔梅丽则在卧室的一隅静静摆放着她的油画颜料，怀揣着打造金属图形的梦想，然而这一梦想在现有的家居环境中显得空间逼仄。于是，两人共同憧憬起一个专属工作室的蓝图，一个既能满足双方创作需求，又能为全家带来宽敞空间的理想之地。彼时，将废弃的工业空间改造成工作室或公寓正成为一种风尚。幸运的是，约里奥与伊尔梅丽拥有一些身为建筑师的朋友和同事，他们在赫尔辛基及其周边地区成功完成了多个类似的改造项目。在众多选项中，图苏拉（Tuusula）的一座古老石头谷仓尤为引人注目，它似乎正是约里奥梦寐以求的个性化工作空间。然而，遗憾的是，与谷仓庄园业主的沟通未能达成一致，导致这一计划最终落空。正当一切看似陷入僵局之时，命运却悄然为二人开启了另一扇窗。原来，伊尔梅丽的父母住在他们在考尼宁（Kauniainen）建造的一所老兵的房子里，周边有一大片闲置的土地。恰逢此时，伊尔梅丽的父亲在北部豪基普达斯（Haukipudas）获得了一个令人羡慕的永久职位，这促使他向库卡波罗夫妇提出了一个极具吸引力的方案——在他们的土地上建造工作室，而老屋子则可作为施工期间的临时居所。这一提议无疑为所有人带来了希望。得益于龙宁奖的奖金支持，部分建筑项目得以顺利启动。最终，库卡波罗夫妇全家欣然告别了城中的公寓生活，重返奶奶的老宅，开启了他们全新的生活篇章。

伊尔梅丽双亲的老宅，后来成为众多奇妙邂逅的见证地。特伦斯·康兰（Terence Conran）曾踏入这座承载历史的宅邸，拜访库卡波罗一家，对他而言，这或许是一段意外的欢愉时光。同样，另一位艺术巨匠的到访，也给这座宅邸留下了深刻的印记。克罗地亚杰出的工业设计师布鲁诺·普拉宁塞克（Bruno Planinsek），自 1962 年在萨格勒布（Zagreb）与库卡波罗夫妇结缘后，更是有幸在此宅中留宿。作为现代设计界的领军人物，普拉宁塞克于 1956 年设计的 Miki 咖啡机，至今仍被纽约现代艺术博物馆（MoMA）视为珍宝。在拜访库卡波罗家族期间，尽管普拉宁塞克对芬兰桑拿有所抵触，但他最终还是受邀请体验了这种独特的文化。他坐在最低矮的长凳上，面对着腾腾升起的热气，轻声地表达着自己的不适。而当被鼓励向身体泼洒冷水时，他竟用德语喃喃自语："Ich hasse Wasser"（我厌恶水）。这一幕，无疑为他的造访增添了几分别样的风趣与色彩。

结构工程师的梦想

建造工作室的目标瞬间变得明确。库卡波罗家庭渴望有一个既能居住又能工作的开放空间。他们的规划聚焦于一个面积为 200 平方米的空间，约里奥将其形象地描述为一座现代化的迷你木屋。

库卡波罗家庭最初构想的是一个拥有窗户的拱形大厅，这种设计在当时极为风靡。回溯至 1967 年，沃科与安蒂·诺米斯奈米夫妇在毗邻海边的梅里卡图公园内，成功打造了一个充气支撑的圆顶建筑。该建筑，即著名的"海滩上的泡泡"（Kupla ranalla），在展览期间吸引了络绎不绝的参观者。

在建筑师尤哈尼·帕拉斯马（Juhani Pallasmaa）的宅邸内举办的艺术盛会上，约里奥有幸邂逅了年轻有为的技术博士埃罗·帕洛海默（Eero Paloheimo）。两人随即展开了一场深入的对话，其间约里奥向埃罗详尽阐述了其建筑构想。随后，这段偶遇迅速演变为合作的契机，两人的创意火花不断碰撞、交融。在探讨设计细节时，埃罗提出了一项创新建议：在木质地板上巧妙地设置三扇朝向的窗户，以最大限度地捕捉并利用自然光线。而约里奥则怀揣以玻璃纤维打造独特屋顶的宏伟愿景。另一方面，埃罗对混凝土展现出了深厚的情感与独到的见解，其可塑性深深吸引着他。

基于这些灵感与共识，他们共同构思了一个前所未有的设计方案：一个由三个支撑点稳固托起的混凝土外壳，其上覆盖着厚度达 8 厘米的混凝土屋顶，结构巧妙地浇筑在预应力钢网格之上。

考尼宁地块坐落于榛树丛山谷深处，于历史悠久的黏土河床之上。此地的施工条件并未构成显著障碍，地基的浇筑工作迅速而高效。两名技艺精湛的木匠精心搭建了木板模具。紧接着，钢网被巧妙地编织于模具之中，并巧妙地融入了预应力钢结构，以增强整体结构的稳固性。随后，混凝土被精准地浇筑于这一复杂而精细的构造之中。1968 年，当木模具缓缓拆除的那一刻，空气中弥漫着紧张而又期待的气息：这座结构是否能如设计师所愿，展现出其应有的稳固与坚韧？事后，埃罗坦诚地分享了他在现场的感受，面对诸多未知与不确定性，他确实感受到了一丝慌乱与不安。

乌托邦的生活

工作室内的所有结构设计方案均深受未来主义这种现代信念的鼓舞。所采用的材料充满实验性，而针对生活空间的解决方案更是独树一帜。墙面结构由霍波宁精心打造的钢格固定聚氨酯填充刨花板构建而成，展现出独特的工艺与设计理念。隔热层则巧妙地采用聚氨酯泡沫，直接喷涂于屋顶混凝土内侧。这种新型泡沫因其卓越的轻质特性，在火车车厢、房车等类似结构中广受欢迎。将其应用于生活空间，无疑是一个大胆而前卫的选择，使得天花板被赋予了鲜明的未来主义风貌。

地板下方的供暖系统，则巧妙地利用覆盖钢栅的水管实现，既实用又美观。而位于地下室的煤油炉所在区域，作为建筑物中唯一需要维护的部分，曾在 21 世纪前扮演重要角色，但随后被更为高效的集中供热系统取代。

约里奥摒弃了浴室与厨房的传统设计方案，转而寻找创新解决方案。他找到一家专注于 AIV 贮存罐生产的企业，巧妙地将这些容器转化为两个大型、半透明的玻璃纤维圆柱体——一个化身为现代淋浴间，另一个则摇身一变成为别致的厕所。厨房区域则是一体化的杰作，由 IKI 层压板精心打造，内置嵌入式炉灶、不锈钢水槽及洗碗机，所有功能均围绕中央吧台布局，从食材准备到美食享用，一气呵成。

在工作室内部，自然之美触手可及，空间氛围随着光线流转与季节更迭而变幻万千。其中一面墙体完全采用保温玻璃构造，内外之间毫无阻隔，连窗帘的点缀也一并省略，使得黑暗环境自然而然地成为空间的隐秘屏幕。

地块的邻近区域依旧保持着原始的自然森林状态，因此无须忧虑外界窥探的目光。工作室总面积达到 200 平方米，整体空间开阔无视觉障碍。然而，随着女儿逐渐步入青春期，约里奥最终顺应变化，巧妙地在一隅为她打造了一间带有闭合门扉的小天地。同时，利用一个书架巧妙划分出父母的休憩区域，既实用又不失雅致。

电气设备的布局简约而不失功能性，它们巧妙地融入墙壁与地板的金属结构之中。门框边缘点缀着小巧而低调的黑色开关按钮，而电源插座则精心布置在使用设备边上的便利位置，一切显得井然有序。

库卡波罗一家终于如愿以偿，迁入了这片由自己亲手打造、完全契合他们生活方式的独特工作空间，彻底告别了往昔的旧环境。

蓝门背后

这间工作室完美诠释了 20 世纪 60 年代的时尚风潮。对约里奥而言，它象征着一种简约而现代的工作模式，既素雅又高效。此空间身兼数职，既是样机制作与摄影的工作室，也是伊尔梅丽的平面设计实验室，还配备有酸性清洗池，功能一应俱全。更令人称奇的是，货车甚至能直接从院子里的双开门驶入，极大地方便了物料运输。在地板选材上，约里奥巧妙地选用了工业厂房常用的材质，并巧妙地将其染成浅米色，以避免白色带来的刺眼感。而厨房区域，则出人意料地配备了带锯和钻头等专业工具，而非仅限于烘焙所需的蛋糕搅拌器，展现了其多功能性与实用性。

在布局上，绘图桌与样品井然有序地排列于墙边，形成井然有序的工作氛围。约里奥并未选择传统的托架式桌子，而是精心挑选了瑞典的耐克（Nike）品牌绘图设备，这不仅是建筑师们青睐的典型工具，更以其可升降与倾斜的桌面设计，彰显了其前卫与高端。约里奥的设计仿佛作曲家对主题的反复推敲与变奏，他不断汲取新的元素与灵感放入自己的设计中。这座通风良好的建筑，不仅在形状与色彩上进行了大胆的创新，更在功能布局上激发了工作室的无限可能，使其成为一个集创意与

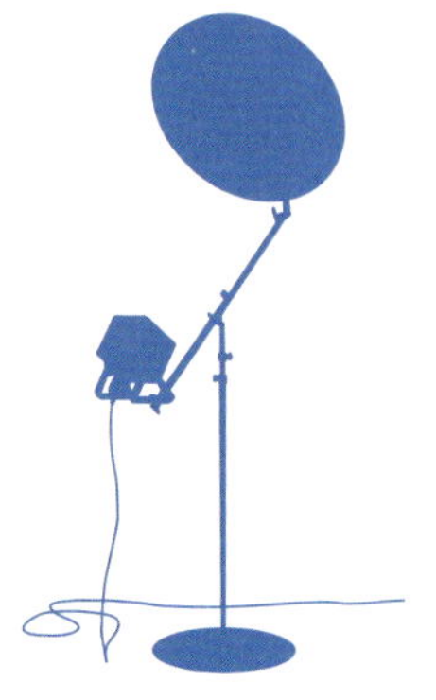

瓦莱辛（Valaisin）100A 型号灯具，1972 年

实用性于一体的理想空间。

房屋的整体架构宛如一件精细制作的雕塑艺术品。

屋顶覆盖着洁白的环氧树脂涂层。三个基座角落的墙面，则采用了纯色调涂料进行装饰，红、黄、蓝三色交相辉映，定义了房间空间的基本方位。主门则大胆地选用了明亮的蓝色。

墙体元素则选用了深邃的蓝灰色进行涂装，与钢结构的黑色相得益彰，共同营造出一种沉稳而不失格调的氛围。然而，在工作室屋顶的施工过程中，约里奥却意外地忽略了照明系统的安装。直到工程接近尾声，他才意识到连接灯具的艰巨性。面对这一挑战，约里奥并未退缩。他巧妙地运用了 1968 年米兰三年展上展出的一款双聚光灯具，经过精心设计与安装，于 1969 年成功推出了瓦莱辛（Valaisin，光）100 系列照明产品。这一系列灯具以其简约而不失精致的设计著称，分为 100 A、B、C 三个型号，满足了不同照明需求。瓦莱辛（光）100 系列一经问世便在海米商店受到了热烈追捧，并迅速成为建筑师与设计爱好者心中的标志性收藏品。直至 2021 年，为了满足新时代对于照明技术的更高需求与审美标准，瓦莱辛（光）100 系列再次迎来了重生。经过全面的技术升级与设计优化后重新推向市场，不仅保留了原有的经典元素与风格特色，更融入了更多创新科技与现代设计理念。

这座工作室自建成之初便赢得了广泛的国际瞩目，其独树一帜的建筑风貌与颠覆传统的设计理念，激发了人们对非传统生活模式的无限遐想。

其宣传攻势在 1972 年的盛夏时节达到了巅峰状态。一位热心的考尼宁邻居别出心裁，组织起了一支由德国游客组成的观光队伍，他们偶然间穿过一扇半掩的门扉，踏入了这座工作室的别样世界。彼时，库卡波罗一家正沉浸于繁忙的工作之中，而游客们则以点头致意的方式表达着他们的赞叹，导游则在一旁娓娓道来，为众人揭开了这座建筑的神秘面纱。此后，工作室的参观规则也悄然发生了微调。

这座别具一格的建筑不仅赢得了年轻人的青睐，更成为他们追求自由与放松的场所。屋顶上，阳光斑驳，成为晒太阳、漫步的绝佳场所。得益于其便捷的攀登路径，年轻的当地居民常常骑着摩托车前来探访，享受着这份独有的宁静与惬意。随着时间的推移，这座工作室逐渐成为周日午后散步的热门选择，更被纳入了考尼宁建筑遗产的辉煌篇章之中。有趣的是，就连邮局也对这座建筑印象深刻，曾有一封没有明确地址的来自遥远日本的信件，准确无误地送到了这里，收件人正是芬兰考尼宁的约里奥先生。

安顿下来的一家人

在工作室居住，犹如踏入了另一个异域星球。库卡波罗家的新居，坐落于外祖父母老兵公寓的附近，需穿越一段约百米长的下坡路，抵达一片异乎寻常、非典型居所的广袤空间。一岁的西班牙猎犬纳萨（Nasa），紧随家人步伐，共同在工作室开启了长达 12 年的共同生活篇章。随后，伊尔梅丽的父母自豪地将基普达斯迁居归家，两家人的居所毗邻而居，而纳萨则成为两家情谊传递的特别信使。

在纳萨的眼中，隔壁那幢房子，无疑是它心中的第二个温馨港湾，因为那里有着它自由穿梭、直达奶奶怀抱的便捷通道。在那里，它总能收获满满的宠爱，一个面包或是其他美味佳肴，都是奶奶对它无尽宠爱的见证。这只时尚敏锐、体形健硕的西班牙猎犬，更偏爱栖息于一把黑色安泰皮革椅上，那里不仅是它珍藏"宝物"的小天地，也是它夜间安心入梦的港湾。时至今日，那把承载着纳萨无数回忆的椅子，依旧静静地伫立在工作室之中。

库卡波罗夫妇入驻工作室时正值 35 岁的盛年，他们拥有广泛的艺术人脉网络。海米巧妙地将开放式工作空间转变为摄影工作室，拍摄项目时常连续数日进行，营销团队与摄影师们常在深夜时分于此流连。

猎犬纳萨（Nasa）
具备时尚认知并略显沉稳，
选择了黑色皮革制成的
安泰椅安置它的"宝物"，
夜晚在此入眠。
那把椅子至今仍然
在工作室里。

用作摄影拍摄的道具

库卡波罗家不时举办派对，洋溢着青春活力。工作室内设计师云集，桌上摆放着各式各样的酒瓶，空气中弥漫着浓郁的烟草气息。

芬兰高保真音响领域的先驱塔皮奥·M·科伊卡（Tapio M. Köykkä）曾就 OP-3 音响的设计向约里奥求教。作为回馈，工作室收获了一台 Ortoperspekta 立体声音响，其音质卓越，令人赞叹。播放披头士、滚石乐队及恐怖海峡等乐队的音乐成为约里奥家放松身心的绝佳方式。

泰穆·利帕斯蒂（Teemu Lipasti）身兼数职，既是酒吧的服务生，又擅长演奏探戈。音乐通过唱片机悠扬传出，堆叠如山的唱片更添一抹独特的韵味。

雷米（Remmi）1969

约里奥尚未意识到他对塑料椅子的执着探索即将步入尾声。自 20 世纪 60 年代初以来，他的设计世界几乎被塑料制品充斥，而内心深处，有股“七年之痒”的感觉悄然滋生。

在辉煌的 20 世纪 60 年代，约里奥一直毅然决然地将经典中的现代材料钢管，拒之门外。在他看来，20 世纪 50 年代风靡一时的轻质管状椅子，已然让这种材料显得陈旧而乏味。然而，在新工作室中，一款编号为 100A 的灯具却率先打破了这一禁忌，它大胆地采用了管状设计。

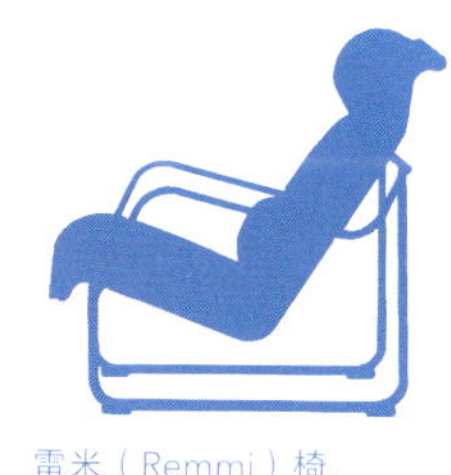
雷米（Remmi）椅，1972 年

约里奥的设计灵感源自包豪斯学派的两位巨匠——密斯·凡·德·罗与马歇尔·布劳耶。尽管在 20 世纪 60 年代的芬兰，他们的名字并未受到特别的青睐，但他们的设计却赋予了钢管家具一种无与伦比的优雅与功能性，这正是约里奥梦寐以求的设计境界。

约里奥重新采用了安泰系列中最初的结构理念，打造出这款新椅子。这款椅子同样融合了垂直框架、水平管件与弹簧的巧妙组合，以确保其稳固的整体结构。约里奥以安泰的经典框架为起点，精心演化出一款休闲椅的新形态。起初，他沿用了与安泰相似的橡胶带设计，然而这一元素在椅子的后视效果中显得颇为笨重，与安泰系列产品的精致风格大相径庭，却在新椅子的背面设计中显露无遗。面对这一设计难题，约里奥意外地找到了破解之法。一次偶然的机遇，一家丹麦椅子工厂——专注于生产优质钢弹簧的制造商，派出一名销售代表至海米。在双方的交流中，约里奥敏锐地捕捉到了解决问题的线索。自那以后，这款椅子的弹簧便从丹麦定制，成为其独特之处。更令人称奇的是，该丹麦工厂

约里奥将
包豪斯派的代表人物
密斯·凡·德·罗（Mies van de Rohe）和
马歇尔·布劳耶（Marcel Breuer）视作自己的榜样，
但这两位大师在 20 世纪 60 年代的
芬兰并不受特别推崇。

在其宣传册中，竟长期将这款融合了约里奥创意与丹麦工艺精髓的雷米椅子作为典范展示，直至 20 世纪 90 年代。

雷米椅以其独特的创新设计脱颖而出，通过弹簧巧妙地将垂直支撑与水平管件紧密相连。这些极简而稳定的模块，赋予了用户前所未有的自由，能够随心所欲地组装出任意长度的座椅阵列。正如库卡波罗所钟爱的比喻，若你有此信心，这些椅子甚至能环绕地球一周。椅子的坐垫设计严格遵循人体工程学原理，精准贴合腰椎与颈部的自然曲线，提供无与伦比的舒适支撑。更令人惊喜的是，这款椅子在装饰上几乎不受限制，任何材料都能成为其独特风格的点睛之笔。“雷米”（Remmi，意为皮带）之名，恰如其分地描绘了其设计精髓——那一条条皮带不仅稳固地将坐垫固定于管状框架之上，更在无形中唤起了滑雪板固定靴子的经典记忆，增添了几分跨界融合的趣味。自问世以来，雷米椅迅速赢得了市场的广泛喜爱与赞誉。其独特的双重性质——坚固的框架与人性化的缓冲设计相辅相成，宛如阴阳相生的和谐之美，令人叹为观止。没有这二者中的任何一者，都无法成就雷米椅的独特魅力。

教师、设计师、实验者

在约里奥定义为“流行之家”的工作室里，生活节奏张弛有度地运转着。库卡波罗，这位艺术与设计学院的明星讲师，沿袭了老一辈年轻且成熟的设计师们培养下一代的优良传统。那些曾在约里奥指导下学习的设计师，如今已步入晚年，每当忆及往昔，他的课程总是被形容为既实用又鼓舞人心。他偏爱与才华横溢的伙伴并肩作战。在鲁内伯根卡图街的公寓中，他或许只带着一位助手，但一旦踏入工作室，他便能召集一支团队共享灵感。芬兰设计界的精英，诸如西莫·海基拉（Simo Heikkilä）、卡尔·霍姆伯格（Kaarle Holmberg）以及卢迪·默茨（Rudi Merz），都曾在这间宛如创意工厂的工作室中，与库卡波罗并肩作战，最终成为彼此设计生活中不可或缺的挚友与亲人。

成为约里奥的助手，便意味着要融入库卡波罗那独树一帜的生活方式。夏日炎炎，众人围坐于一张小巧的红色野餐桌旁，共享户外午餐的惬意。伊尔梅丽或许会亲手烹饪佳肴，又或者，大家一起品尝着熏鱼，搭配着黑麦面包与新鲜番茄。当然，你也可以带上自己的三明治，加入这场味觉盛宴。约里奥的得力助手贾里·贾斯克莱宁（Jari Jääskeläinen）至今难忘1996年在阿旺特（Avarte）工厂共进午餐的情景。那时的午餐简单至极——一个盒子里装着半根香蕉、一个苹果和一个橙子。令人啼笑皆非的是，这些水果竟被他要求放置在暖气片上加热——约里奥先生独特的“热午餐”理念，至今仍让人津津乐道。

霍姆伯格细致地刻画了约里奥的教学方式：既严苛又充满激励。库卡波罗则以其对学生的热情与信任著称，有时甚至展现出孩子般的纯真与真性情。霍姆伯格坦言，正是20世纪70年代学习了约里奥的课程，坚定了他投身于家具设计行业的决心。在课堂上，约里奥巧妙地运用言语与手势，生动地描绘了他心中那把椅子的模样，这一幕深深触动了霍姆伯格，进而激发了他成为家具设计师的志向。

随着时光的推移，工作室内的空闲空间逐渐被各式各样的艺术与设计作品所填满。伊尔梅丽决定前往自由艺术学校专攻平面设计。起初，她对凸版画充满兴趣，但在埃克·赫尔沃（Erkki Hervo）的引领下，她意外地发现了日本水彩画的魅力。出于对这一新发现的热情，伊尔梅丽于1980年购置了一台平版印刷机。这台印刷机，还是在库奥皮奥的林纳（K. Linna）公文包工厂地下室中的一次偶遇所得。当时，库卡波罗恰好在该工厂出差，因为那里正为约里奥的项目印制硬纸板文件夹。这台源自莱比锡，本已被判定为废弃品的金属印刷机，却意外地为伊尔梅丽的艺术创作开启了全新的篇章，为其作品注入了持久的生命力。此外，它还附带了一套完整的金属字母盒，成为伊尔梅丽进行设计的得力助手。她的平面设计与艺术作品，与约里奥日益丰富的椅子收藏相得益彰，共同构成了工作室内一道亮丽的风景线。

有时候，某些家具的雏形需历经数载等待方能面世。以库卡波罗为例，他曾受托为芬兰国家歌剧院设计座椅，然而项目却因种种原因而延期。这把椅子最终融入家庭，成为不可或缺的一部分。当它悄然退场时，家中仿佛失去了某种难以言喻的温馨与完整。赫尔辛基地铁站的木质长椅，在卡波罗工作室创作出并历经数年后，至今依然静静地守候在地铁站，供乘客们小憩片刻，等待地铁的到来。

约里奥对于极简主义管状椅子的热爱，在 1972 年得到了淋漓尽致的展现——他推出了普雷苏系列产品（Pressu，寓意防水帆布）。正如其名，这款椅子采用结实的棉质帐篷布覆盖于精致的管状框架之上，营造出既舒适又不失格调的座椅。实际上，普雷苏是约里奥在 1965 年为坎图（Cantù）国际椅子竞赛所设计的椅子的衍生之作，当时便凭借其独特的设计荣获季军殊荣。随后，海米公司接手生产了这款椅子，使其迅速成为约里奥 20 世纪 70 年代设计生涯中的经典之作。时至今日，普雷苏系列产品依然能够深刻反映出约里奥对于简约、轻松生活方式的追求与向往。在那个尚未被外界纷扰所侵蚀的时代，约里奥的设计理念得以纯粹而自由地延展。

再见了塑料

1973 年 1 月，一个令人振奋的国际新闻横空出世——越南与美国终于达成了和平协议。当广播中传出这一历史性的消息时，伊尔梅丽的眼眶不禁湿润了，她内心积压已久的担心仿佛瞬间得以释放。长期以来，民众始终坚定不移地抗议越南战争对无辜生命的残酷屠戮。战争初期，媒体揭露的惨烈画面令人心惊胆战，那些未经修饰的镜头直击人心：战火中无助的孩童、浴血奋战的士兵，以及被战争阴霾笼罩的平民百姓……这些触目惊心的场景深深触动了众多富有正义感的艺术家，他们的心灵遭受了前所未有的震撼。

然而，平静的感觉并未长久地抚慰大众。同年，社会动荡的阴云再次笼罩全球，而复杂多变的全球经济形势更将芬兰推向了前所未有的困境。作为一个高度依赖进口能源的国家，芬兰的能源需求中煤炭和石油占据了举足轻重的地位。面对能源危机的严峻挑战，芬兰政府不得不采取一系列紧急应对措施，包括限制车速至每小时 80 公里以内，并呼吁

石油原料价格，
如塑料价格翻了三倍，
而约里奥之前设计的
椅子使用的是高度精炼的
石油副产品，
这促使约里奥重新审视对
原材料的选择。
这一变化
并非全然
对生态环境的
自觉关注，
尽管当时环保
意识已悄然兴起。

民众减少暖气使用以节约能源。随着石油价格的持续飙升，芬兰政府甚至发出了严峻的警告：若民众不积极行动起来共同应对能源危机，那么电视节目可能会在周一被迫停播。与此同时，以石油为原料的塑料也迎来了价格暴涨的浪潮，涨幅高达三倍之多。这一系列连锁反应无疑给芬兰社会带来了巨大的冲击和挑战。

由于约里奥的椅子仅仅选用了源自高度精炼石油的副产品，现在的社会经济发展意外地促使他重新审视椅子的材料选择。这一变化并非全然出于对生态环境的自觉关注，尽管当时环保意识已悄然兴起。库卡波罗家中珍藏着一册芬兰语版本的维克多·帕帕内克（Viktor Papanek）著作，帕帕内克身为奥地利出生的设计师兼社会评论家，其足迹遍布全球，包括 20 世纪 60 年代的芬兰之旅，后移居美国，并于 1973 年推出了具有里程碑意义的著作《为真实世界设计：人类生态与社会变革》。与此同时，1972 年罗马俱乐部（Club of Rome）发布的关于工业增长极限与地球承受能力的预警报告，在全球范围内，尤其是在设计领域，激起了强烈的共鸣与讨论。

约里奥平日里只是专注于设计的功能性，并非热衷于政治辩论。然而，一次电视演讲，主题聚焦于波斯湾地区石油资源的枯竭，却深深触动了他，让他下定决心在设计中摒弃塑料材料。尽管这一念头早已在他心中悄然生根，但他之前并未毅然决然地停止生产那些基于现有塑料模型的椅子。

皮诺回归

1973 年深冬之际，一辆出租车悄然将皮诺送至工作室门前，令人惊异的是，他身旁竟站着新女友——匈牙利与阿根廷混血女记者朱利安娜·巴林特（Juliana Balint）。

朱利安娜首次穿着凉鞋踏入皑皑白雪之中，她坚定地选择与皮诺一同居住在工作室。那时的皮诺正积极践行绿色生活理念，他不仅倡导还实践着促进宏观生态平衡的饮食方式，还热情地将这份理念传递给身边的人，大力推广素食主义。

作为皮诺的挚友，约里奥全力以赴地为他铺设职业道路。他特别制作了沙发框架的空间，为皮诺提供了一个体现创意、绘制插图的空间。这次合作孕育出了别具一格的景观沙发系列，其独特的设计至今仍为库卡波罗工作室所珍藏，这也标志着约里奥在艺术与家具融合领域第一次迈出坚实的探索步伐。

但是，在开放的空间中共处还是需要大量的时间来磨合，因此大家都必须做出努力。朱丽安娜不仅适合同声传译，还是一位专业的秘书及作家。约里奥致电阿米·拉蒂亚，询问玛丽梅科是否有适合前马戏团秘书的职位空缺。阿米随即表示，希望尽快与朱丽安娜见面。最终，蒂姆安排皮诺与朱丽安娜在卡利奥（Kallio）共同负责照看猫咪。然而，皮诺尝试给蒂姆的猫喂食素食，却导致猫咪脱毛。在停止素食后，猫咪迅速恢复了健康。皮诺难以适应芬兰的生活节奏，最终选择飞往阿根廷。相反，朱丽安娜在芬兰深深扎根，并在此度过了她的余生，她在设计和新闻领域取得了卓越的成就，开创了一段属于自己的辉煌职业生涯。

皮诺在20世纪80年代重返斯堪的纳维亚地区，并选择在哥本哈根定居下来。在他生命的暮年，他与捕鼠猫明戈（Mingo）相依为伴，在丹麦宁静的小镇罗内德（Rönnede）享受了一段平和的时光。他通过种植香草，并创作精美的后现代纸板和胶合板雕塑作品来维持生活。直至2020年，在他生命的最后一周里，他对朱丽安娜的深切怀念以及与约里奥的合作记忆依然不断被提及。

未来属于胶合板，1974年

在习惯采用塑料材料制作家具后，约里奥深切感受到木工制作椅子的传统思路问问重重。当前最新的技术工艺似乎自然而然地成为塑料材料的替代品，这极大地激发了他的好奇心。他渴望发现一种新材料，能够让他继续迸发创新的火花。在芬兰这片设计沃土上，长久以来就有着著名设计师阿尔瓦·阿尔托让当地生产弯曲木材与模塑胶合板从而进行室内设计的悠久传统，这一场景开始在约里奥的脑海中浮现。

阿尔托的家具杰作，皆源自图尔库科霍宁工厂的手工和机械联合打造，那里是芬兰设计史上一颗璀璨标志，更见证了无数设计灵感的诞生。遗憾的是，随着时代的变迁，许多胶合板加工设备与压机在20世纪70年代初逐渐消失，成为历史的尘埃。肖曼胶合板工厂也是在约里奥探寻前的数日，遭遇了废弃被拆解的命运，其机器设备最终沦为了垃圾填埋场的无名之物。这无疑给约里奥带来了沉重的打击。

至于海米公司的库卡波罗，即使怀揣着重启模塑胶合板生产的梦想，如今却面临着技艺传承的断层，难以寻觅到合适的工匠来延续这份传统。

在芬兰的柯科努米（Kirkkonummi），矗立着一座专注于热压托盘制造的工厂。约里奥主动与工厂的主人里奥·巴克曼（Leo Backman）取得了联系，探讨了一项前所未有的提议——能否利用现有技术生产一件规模堪比椅子的特殊产品。起初，巴克曼对这一构想持坚决反对的态度，但随着时间的推移，这份新颖的想法逐渐引起了他的兴趣。在探寻工厂的各个角落后，他们意外地发现了一台尘封已久的20世纪30年代热压机。遗憾的是，这台机器受限于其电力驱动的特性，难以胜任大型循环压缩的任务。

面对这一技术瓶颈，约里奥与海米团队不得不另辟蹊径，着手自主研发所需的模具。然而，制作一个庞大的铝质模具对于他们而言，无异于一场巨大的挑战，且成本预估令人咋舌。在仔细权衡利弊之后，他们意识到，直接估算并承担这笔高达 50 万马克的模具费用，对公司而言无疑是一个重大的决策考量，公司也强烈怀疑此项目是否值得投资。

约里奥曾成功勾勒出类似卡路赛利椅的飘逸形态，然而面对现实的严酷，他选择了改变方向。他先将自信暂时搁置，转而听从常识的指引。他设计了一个简洁的弯曲造型，并巧妙地运用了直角支架进行支撑。这一模具的创新之处在于，它不仅能够让扶手略显厚实，座位保持轻薄，还能实现座椅套的一体化制作，展现出高度的多功能性。此模具的灵活性令人惊叹，无论是小巧的儿童凳还是延伸的长椅，都能轻松驾驭，甚至通过切割调整以适应更多样化的需求。其内部填充物更是精心挑选，确保了座椅在人体工程学上的舒适度。

众多的探索与尝试，使得模具的投资得到了丰厚的回报，引领约里奥步入了一个全新的设计纪元。首批胶合板椅子采用了热压工艺，这一方法在约里奥看来，是制作成型胶合板的不二之选。该工艺的核心在于将薄膜胶黏剂巧妙地置于薄木层之间，随后施加压力使其紧密结合。如此制成的部件，不仅防水性能卓越，更具备超乎想象的坚固性。

测试模型和细节

约里奥在胶合板设计领域成功研发了一种创新的测试模型，旨在优化靠背倾斜度、扶手位置及座椅角度的调节功能。他在阿泰努姆读书深造期间所掌握的人体工程学知识，在此模型中得到了淋漓尽致的展现。鉴于模具成本高昂，原型设计在设计的初步阶段显得尤为重要，这一策略极大地激发了约里奥的创造力，自此以后，他几乎将所有设计都建立在原型制作的基础之上。在探索胶合板设计的过程中，约里奥遭遇了技术上的新挑战：如何巧妙地将扶手与框架相连。为解决这一问题，他专注于设计独特的支架，并坚持选用铝材作为材料。为此，他精心构思了多种形状的支架设计方案。在此期间，英俊且卷发的瑞士木匠兼设计师卢迪·默茨（Rudi Merz），作为约里奥的得力助手，当时已定居芬兰。两人携手合作，共同研制出众多支架形状，最终打造出完美的托架设计。约里奥将此视为自己技术创造中的巅峰之作，每一个细节都凝聚了他的心血。约里奥始终亲自操刀，从模型的整体构思到最细微的部件设计，无一不亲力亲为，这种坚持赋予了他的作品独一无二的个性（尽管在雷米模型中，由于特殊需求，他不得不采用现有的标准零件）。他时常怀念起那台用于压制铝质支架的庞大机器，它宛如一台卡车发动机，重达数百公斤，虽体型笨重，却是他创作过程中不可或缺的得力助手。

生产胶合板终于成功了。但公司里没有人确信金属支架能够将两块胶合板牢固地固定在一起。

“那样是无法支撑的：螺钉会松动，结构会崩溃。”销售人员说道。约里奥却保持冷静。从第一天开始，那些金属支架就将扶手牢固地固定在数以万计的胶合板椅子上。

约里奥的椅子以同样的方式制造了 30 多年，从未出现问题。这些椅子也易于维修和保养，清晰可见的细节使其成为美学的一部分。

普莱诺系列椅（Plaano）和丰思奥系列椅（Fysio）

普莱诺系列作为首次问世的胶合板椅，赢得了巨大成功，促使他们决定着手打造一种全新的模具，以生产出更符合人体工程学的胶合板椅子形态。在这一过程中，约里奥不仅亲自参与了原型的设计与开发，更是在众人尚未意识到压缩模具的潜力之前，便已前瞻性地布局。椅子的支架采用了砂铸工艺，展现出独特的工艺魅力。

建筑师雅克·拉波蒂（Jaakko Laapotti）特意造访海米工厂，旨在寻找一款能够契合坦佩雷的新罗森达尔（Rosendahl）酒店风格的椅子模型。在工厂内，深受信赖的产品与营销经理米科·劳西（Mikko Raussi）自豪地向拉波蒂介绍了约里奥持续深耕的胶合板设计新作，甚至不惜将原本置于车间一隅的模型移至显眼位置，以彰显其独特魅力。拉波蒂对这款椅子的设计深感兴趣，随即决定将其融入自己的酒店椅子设计之中。而该项目的室内设计师是约里奥的老朋友海基·卡贾莱宁。约里奥为酒店的大堂制作了 200 把椅子，并于 1977 年完工。扶手支架最初是用铝砂铸成的。后来，随着该模型变得越来越流行，他们转向了注塑成型。

普莱诺（Plaano）椅，
1974 年

在接下来的 20 年里，海米年均生产一万把椅子，而这仅仅是芬兰家具领域众多独特故事中的一抹亮色。时间流转至 21 世纪，故事的风向标悄然转动。随着市场热潮被普莱诺系列产品所席卷，银行纷纷撤并分支销售机构，昔日的热销产品逐渐沦为时代的印记。

一位来自日本的资深收藏家，在听闻芬兰经销商的提议后，不禁为之愕然：“别再去生产普莱诺椅子了！”

然而，回溯 20 世纪 70 年代，普莱诺的需求曾是何等旺盛。短短三年间，巴克曼公司便引进了新型高效压力机，铝模具的束缚终被打破，取而代之的是更为灵活的胶合板模具，生产效率亦随之飙升。

丰思奥（Fysio）椅，1976 年

模具技术的革新，彻底消除了生产瓶颈的桎梏。在此基础之上，约里奥的创造力得以充分释放，他精心设计出了一系列更为温婉细腻且充满个性化变奏的椅型，其独特的美学理念与广泛的形态变化，无疑为芬兰家具史添上了浓墨重彩的一笔。

1976 年 1 月的科隆展会上，约里奥隆重推出了丰思奥系列（Fysio）——一款独具特色的旋转办公椅。丰思奥系列椅子完美契合了人体工程学的精髓，其椅架精心塑形，以贴合人体的自然曲线，实现了无须厚垫的舒适坐感。椅子的靠背设计尤为巧妙，可灵活升降以适应不同身高的使用者，尤其对中等身材的人士而言，更是相得益彰。约里奥视丰思奥椅子为其人体工程设计的巅峰杰作，他时常回想起自己那成为家具设计灵感源泉的独特身形——中等身高，拥有修长的背部与相对较短的双腿。得益于约里奥亲自测试每一款模型，丰思奥椅子避免了座椅过深的常见问题，同时，其长背部设计也有效防止了颈部靠垫位置过低的不适感，使得这款椅子几乎适用于所有体型的人群。库卡波罗先生常言，适用于工作服的设计原则同样适用于家具设计，丰思奥椅子正是这一理念的生动体现。

丰思奥椅子凭借其符合国际标准的卓越品质，在热门办公椅领域声名远扬，其影响力一直延续至 21 世纪初。时至今日，丰思奥椅子的调节机制依旧保持原貌，持续展现着那个时代人体工程学设计的典范魅力。

一个小台阶

安特罗·皮波宁（Antero Piipponen），芬兰科沃拉（Kouvola）纸板制品制造业的佼佼者，向约里奥伸出了橄榄枝，坚信其能驾驭一项非同寻常的设计难题。1977 年，他诚邀库卡波罗主导研发，设计一套颠覆传统的纸板办公系统。这一创意深深触动了约里奥的心灵。硬纸板，这

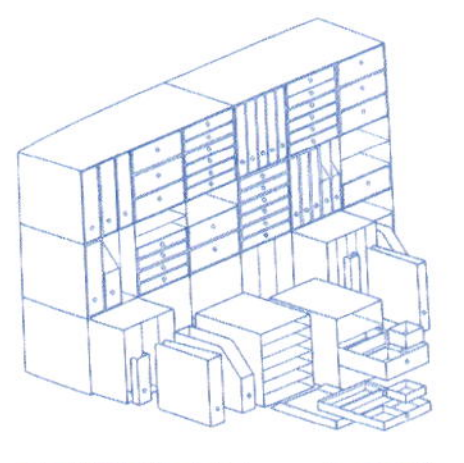

普利玛斯（Prisma）系列家具，1976 年

一种既迷人又坚韧的材质，成为他们合作的桥梁。皮波宁的愿景宏伟而具有前瞻性——让硬纸板装置引领文具和轻型办公家具的未来潮流。

该系统匠心独具，采用扁平纸板组件销售，用户可自行组装，灵活便捷。该系列命名为“普利斯玛（Prisma）”，恰如其分地彰显了其设计的复杂精妙。其核心为基本单元，由三个A4尺寸的盒子框架巧妙构成，用户可根据实际需求自由搭配不同高度的抽屉，实现个性化定制。此外，配套的小册子同样令人眼前一亮，封面设计巧妙融入约里奥的色彩美学理念，采用淡灰色1厘米×1厘米的方格纸，既简约又不失格调，为用户提供了按比例绘图的便利。普利斯玛系列在美学与实用性上均超越了时代的局限，成为当时的佼佼者。与传统笨重的办公书架相比，这些纸板箱不仅轻盈便捷，还能在工作站间灵活构建隔断或移动单元，为办公空间增添无限可能。更令人称道的是，当不再需要这些纸板时，可通过回收或焚烧的方式轻松处理，实现了环保与实用的完美结合。然而，遗憾的是，普利斯玛系列未能广泛普及于市场。

但约里奥对普利斯玛系列的热爱并未因此而减退。在他的工作室中，一整面墙的纸板托盘见证了时间的流转与设计的永恒。这些纸板托盘不仅是约里奥创作的见证者，更是他对未来办公空间无限想象的缩影。

政治上的牺牲品

为迎合当代审美趋势，约里奥精心制作，设计出了一系列严格遵守人体工程学规范的家具，摒弃了多余的娱乐与装饰元素。20世纪70年代，这段时光常被描绘为一段漫长且略显黯淡的历程。色彩搭配方面，则秉持了极致的低调与内敛；与此同时，波普艺术的辉煌已悄然褪色。“设计服务于需求”这一理念逐渐占据了主流地位。约里奥一如既往地敏锐洞察着社会的脉动，紧跟时代步伐。他的个人世界，因伊尔梅丽的艺术才华与两人工作室内部的斑斓多姿而焕发出勃勃生机。然而，在这份宁静与创作的喜悦之中，政治如同一位无形的访客，悄然渗透进了这片艺术的净土。伊尔梅丽，作为一位崭露头角的版画家，开始在艺术圈中崭露头角，积极参与各类艺术活动。而左翼艺术家们对时政的新一轮热衷，似乎让这股风潮带上了几分过犹不及的气息。尤为引人深思的是，一位与库卡波罗交情匪浅的友人，竟将一位访问芬兰的作家的观点上报给执政党，而这些观点不幸被曲解为对政治体制的批判。这一事件如同晴天霹雳，给约里奥带来了深刻的震撼与反思。

伊尔梅丽在波兰的印刷课程中，有幸结识了一群才华横溢的波兰艺术家朋友。当一行人踏足芬兰之时，其中的不速之客“政治线人”，悄然随行潜入他们的日常，窥探并报告着每个人的言谈举止。波兰人对此心知肚明，因此，他们精心策划，所有涉及机密的对话，都选择在监视者因艺术与设计话题而稍显厌倦、短暂离场的间隙进行。约里奥始终秉持着一种近乎呆板的中立态度，对政治纷争避而不谈，未曾公开站队。

20 世纪 70 年代，约里奥专注于人体工程学和极简主义设计语言

然而，当平面艺术家蒂姆的立场悄然转向左翼，这份沉默与回避并未能阻止裂痕的产生。在约里奥心中，这道因理念不合而生的伤口，始终未曾愈合。蒂姆的英年早逝，更是如同冰霜，将这份悲伤永久地凝固。由政治分歧所引发的深度裂痕，如同时间河流中的顽石，任凭岁月流转，亦未曾有丝毫的弥合。

最终，校长继任事宜
尘埃落定，
而约里奥一生中最糟糕的
时刻开始了。
在 1978—1980 年的
校长任上，
他收到了死亡威胁、
公开侮辱、匿名电话，
以及在激进左翼运动中来自
学生和同事的恶毒言语，
这深深地伤害了约里奥的
执教热情。

该事件的根源在于约里奥·库卡波罗当选为赫尔辛基艺术与设计大学校长。1977 年，他已被任命为该校的教授。正值美术学院刚升格为大学之际，学位改革议题成为舆论关注的焦点。艺术学生联盟，作为 20 世纪 70 年代芬兰学生运动中最为政治化的团体之一，原本期望左翼候选人约科·科斯基宁（Jouko Koskinen）能够重掌校长之职，并期待泰穆·利帕斯蒂出任副校长。

然而，教育部的工作人员对约里奥·库卡波罗施加了压力，因其具备适宜的资历且在政治上保持中立，遂力荐其出任校长一职。但在此复杂背景下，库卡波罗被迫选择加入社会民主党。这一转折点，在艺术与设计大学教师安蒂·哈西（Antti Hassi）的遗著《哈西的文件》（Hassin Paperi，2020 年出版）中有详尽的记载。

哈西成功说服约里奥投身校长竞选：

> “我已记不清是在决定性的 1977 年委员会选举的风暴前夕，还是之后，约里奥受劝导踏上竞选校长的征途。然而，他最终如何被命运之手推向这一岗位，我至今仍历历在目。彼时，海米的家具店静谧地坐落在凯沃塔洛（Kaivotalo）大楼的一隅，库卡波罗先生正秘密会晤总理卡列维·索尔萨（Kalevi Sorsa），商讨着不为人知的议题。我则在同栋楼的哥伦比亚咖啡馆内焦急等待，其间还品尝了两份豆沙拉以消磨时光。终于，约里奥匆匆步入，神色凝重，对食物毫无兴趣。我提议外出散步，以缓解他心中的重压。走在凯什库斯卡图（Keskuskatu）街上，约里奥的思绪如潮水般翻涌，他仿佛在与自己对话，倾诉着内心的挣扎。‘若我应允，他们将如何待我？’他喃喃自语：‘首当其冲的，便是试图在我与伊尔梅丽之间筑起高墙。’但随即，他又坚定地说：‘他们无权如此。’我们继续前行，穿过阿列克桑德林卡图街道（Aleksanderinkatu）时，他突然停下脚步，眼中闪过一丝忧虑：‘他们或许会向我家窗户投掷石块。’然而，这份恐惧并未持续太久，他很快便释然：‘就让他们来吧。’我轻拍他的肩膀，以玩笑的口吻提前祝贺：‘欢迎阿泰努姆的新校长上任。’但我们都清楚，前路依旧布满荆棘，更多的挑战正等待着我们去征服。”
>
> 《哈西的文件》，2020，第 47 页

这一片段深入刻画了约里奥性格中果决坚定的一面，既突出了他的强项，也微妙地揭示了他内心的挣扎与妥协。面对总理的重托，约里奥虽非全然乐意接受，却也深知无法回避，这如同军令一般，忠诚与责任

让他无法萌生背叛之念。实则在约里奥的心底，曾闪现过逃避的念头，但这对他个人而言，或许只是出于自我保护的本能，而非真正的最佳选择。

最终，校长继任事宜尘埃落定，然而，这却预示着约里奥生命中最严峻的挑战悄然开启。1978—1980 年的那段日子里，他饱受死亡威胁的阴影笼罩，公开羞辱的耻辱，匿名电话的骚扰，以及激进左翼运动中来自学生与同事的恶毒言语。这些如同锋利的刀刃，深深割伤了约里奥的心。同时，这些威胁也让家人的心悬于一线，他们既担忧这些威胁的真实性，又忧虑其是否仅仅是某些精神错乱者的妄想。某次，一块从黑暗中飞出的石块猛然击碎了面向庭院的窗玻璃。这一事件让我们不得不采取防范措施，在工作室中，面向院落一侧的大窗上挂起了厚重的窗帘，以此作为对恐吓者的无奈妥协。

阿特斯克（atski）椅，1983 年

当时，社交媒体上的攻击看似不过是针对激进左派中最具天赋的力量所引发的威胁、讽刺与诽谤的轻微指责。然而，在艺术与设计领域的学生群体中，这场纷扰的争论却以民主之名愈演愈烈。1979 年的一个清晨，在赫尔辛基艺术与设计大学的临时建筑内，一场震撼人心的涂鸦事件悄然发生。电梯上，“库卡波罗上断头台”的字样赫然在目，这一举动无疑给库卡波罗的女儿伊萨带来了负面影响，严重削弱了她学习时装设计的动力。自 1978 年起，她便满怀热忱地踏入了这个领域，但令人遗憾的是，作为室内设计课程的高级讲师，约里奥却未曾给予女儿申请自己课程的许可。

约里奥在任校长之位时，与蒂姆及其他共事者之间的关系逐渐淡漠，最终陷入了长时间的疏离状态。他内心怀揣着在崇敬的师长所留下的足迹中推动设计教育发展的宏伟梦想，然而，却未能在此领域如愿以偿地留下更多辉煌的印记。实际上，他从未真正涉足行政管理的核心领域，这一重任始终由专业的公务员团队肩负。至于学位改革的宏伟蓝图，则是源自那位被誉为“朋克博士”的跨界奇才——公务员兼哲学家埃萨·沙里宁（Esa Saarinen）的创意和才情。

艺术与设计学院最终晋升为一所综合性大学，其转变的起点可追溯至 1980—1985 年，由内部杰出设计师托尔斯滕·拉克索（Torsten Laakso）接替约里奥的职务之后。随后的一段时间，校长约里奥·索塔玛（Yrjö Sotamaa）以其卓越的领导力，巧妙地引领这所学院迈向国际舞台，最终成就了今日的阿尔托大学。因此，库卡波罗作出的牺牲并非徒劳，他的贡献得到了历史的见证。当艺术与设计大学迁至阿拉比亚的新址之际，约里奥受托设计一把全新椅子的重任，旨在替代阿玛斯·林德格伦（Armas Lindgren）为阿泰努姆所设计的经典之作。1983年，约里奥设计出一款具有后现代风格的胶合板椅。然而，由于座椅的舒适度未能尽如人意，这款椅子很快便被戏称为“库卡波罗的复仇”。尽管如此，这些椅子至今仍在阿尔托大学中扮演着重要角色。

值得特别关注的是，约里奥与设计界及建筑领域的紧密联系并未因后续校长的更替而中断。在最为严峻的时期，尽管多数人选择在幕后默默支持库卡波罗，但敢于公开表达立场者却寥寥无几。这种对成为众矢之的及面临职业困境的深切恐惧，足以令许多人望而生畏。

投入工作

当他的世界似乎即将崩溃之际，约里奥总是选择遁入他那静谧的工作领域。对于大多数人而言，寻找慰藉的方式可能源自与家人的温馨时光、一项富有意义的爱好、一杯醇厚的葡萄酒或沉浸在一本引人入胜的小说中。然而，约里奥却在他的办公桌前找到了最大的快乐源泉。即便是在他身为校长，承受巨大压力的日子里，约里奥依然能够设计出极简主义的斯卡拉系列（Skaala，寓意精准与尺度）椅子。这款椅子以其直板座椅与靠背，以及简洁而统一的填充设计脱颖而出。斯卡拉系列不仅是一系列椅子，它更是一种在冷漠中蕴含朴素、朴素中尽显绝对优雅的家具艺术品。在视觉呈现上，它无疑是建筑师梦寐以求的杰作，彻底摒弃了所有冗余，只留下了最纯粹、最本质的美。

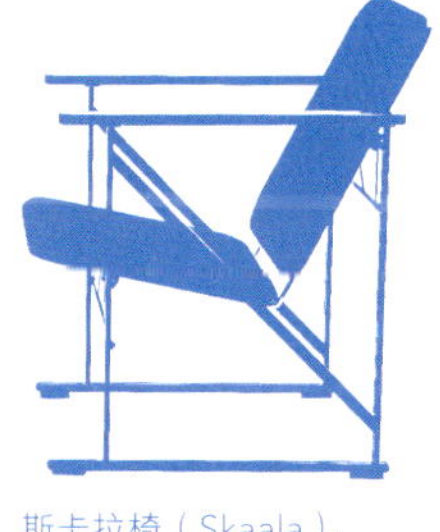

斯卡拉椅（Skaala），1980年

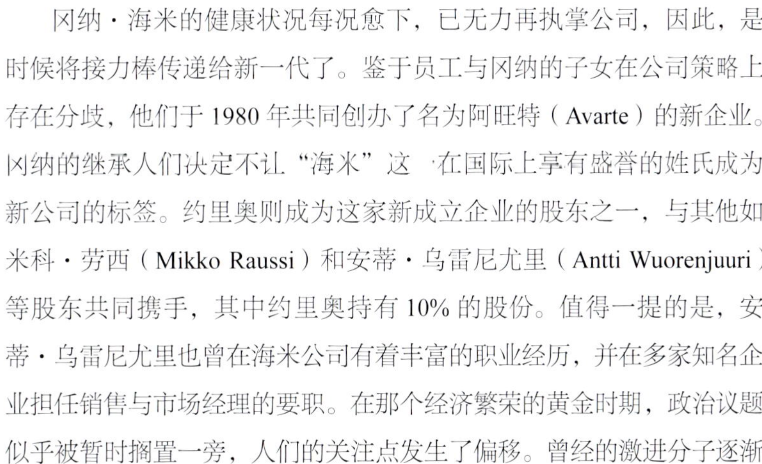

冈纳·海米的健康状况每况愈下，已无力再执掌公司，因此，是时候将接力棒传递给新一代了。鉴于员工与冈纳的子女在公司策略上存在分歧，他们于1980年共同创办了名为阿旺特（Avarte）的新企业。冈纳的继承人们决定不让“海米”这一在国际上享有盛誉的姓氏成为新公司的标签。约里奥则成为这家新成立企业的股东之一，与其他如米科·劳西（Mikko Raussi）和安蒂·乌雷尼尤里（Antti Wuorenjuuri）等股东共同携手，其中约里奥持有10%的股份。值得一提的是，安蒂·乌雷尼尤里也曾在海米公司有着丰富的职业经历，并在多家知名企业担任销售与市场经理的要职。在那个经济繁荣的黄金时期，政治议题似乎被暂时搁置一旁，人们的关注点发生了偏移。曾经的激进分子逐渐转变为雅皮士，而文化对话的焦点也悄然转移至自恋者与未来主义者的探讨之中。正如约里奥所言，这是一个既充满挑战又不失乐趣的十年之始。

人们热切期望约里奥能够全力以赴，助力这家新兴公司稳固根基。阿旺特公司初创时期的办公室选址于赫尔辛基赫内萨里（Hernesaari）区的特拉卡卡图（Telakkakatu），这里曾是一家香肠工厂的旧址，如今已焕然一新。公司坐落于这幢现代主义建筑的二层，环境散发着独特的时尚波西米亚风情。

斯卡拉系列作为专为阿旺特公司量身打造的首款座椅，为这一空间增添了一抹独特的设计韵味。

奥里韦西避难所

库卡波罗的夏日别墅，坐落于哈姆（Häme）心脏地带的奥里韦西（Orivesi），自 1956 年这对夫妇步入婚姻殿堂以来，这里便成为他们夏日时光的专属休闲地。对伊尔梅丽而言，这里更承载着独特的意义。她的外祖母来自瓦尔克雅尔维（Valkjärvi）的维尔赫尔米娜（Vilhelmiina）家族，而独身的阿尔维（Arvi）叔叔与恩皮（Impi）姨妈及其他家庭成员，在奥里韦西有幸获得了一处专为战争疏散者设立的农场。农场依傍着一汪静谧的小湖，恩皮姨妈的奶牛群悠然自得地啃食着湖畔的青草，而阿尔维叔叔则面无表情地驾驭着马车，穿梭于田野与谷仓之间，这一幕幕构成了典型的乡村田园风光。夕阳的余晖穿透谷仓的木窗，洒下斑驳的光影，牛奶汩汩地流入锡桶，分离器的嗡嗡声更添了几分生活的韵律。在温馨的客厅里，恩皮姨妈正忙碌地搅拌着黄油，那熟悉而温馨的香气弥漫在空气中。家中的大烤箱每周都会被点燃一次，用以烘烤酵母面包与小圆面包。院子里，鸡群悠闲地啄食着，不时地将鸡蛋产在谷仓的各个角落。餐桌上，家人围坐一起，品尝着自家农地上种植的土豆与根茎类蔬菜，以及在花园里亲手采摘的浆果等。

在这个农场里，年轻的伊尔梅丽曾经度过了她的夏日时光，她不仅与姨妈和外祖母一同畅游于碧波之中，还积极地协助她们处理农场的各项事务。后来，她满怀热情地带着约里奥来到这里，将他引荐给家人。约里奥初来乍到，即刻被委以重任，帮忙晾晒草料。不久之后，约里奥便融入了这个家庭，被大家如同亲生儿子般疼爱。为表感激之情，约里奥特意将自己于20世纪60年代设计的椅子原型赠予了恩皮姨妈。时光荏苒，当约里奥在2007年筹备回顾展览之际，却在谷仓的角落意外发现了那把已被岁月侵蚀得略显破旧的椅子。

这里的挤奶凳最终陈列于设计博物馆。

在恩皮姨妈的湖畔小屋度过了数个炎炎夏日之后，库卡波罗一家终于在20世纪70年代从她那里购得了一小块肥沃的草地。他们将这座农场命名为沃特希普（Watership Down），灵感源自一本广受欢迎的童话故事书。

库卡波罗在奥里韦西（Orivesi）

约里奥精心构思并打造了一个既实用又紧凑的住宅。其内部空间布局合理，包括两间卧室、一个阁楼、一个宽敞的客厅，以及一个令人放松的桑拿房，这些共同营造出了温馨舒适的居住环境。

值得注意的是，这座小屋的外观与约里奥为父母在伊马特拉精心设计的房屋有着惊人的相似之处，或许这正是他在潜意识中深受那种独特建筑风格影响的结果。小屋外围环绕着一个宽敞而简洁的露台，外墙则巧妙地融入了深檐设计，既展现了美学魅力，又兼具实用功能。

这座小屋始建于1975年盛夏，约里奥与卢迪·默茨携手并肩，共同铸就了这一匠心之作。卢迪不仅带来了源自瑞士阿尔卑斯小屋的灵感源泉，更以他超凡的工艺亲手雕琢了客厅内的每一件家具，为小屋巧妙融入了浓郁的瑞士风情。

奥里韦西是一处备受青睐的避风港，是家人忘却尘世烦恼的绝佳之地。在这里，他们尽情畅游于碧波之中，沐浴在桑拿的温暖里，让身心得以彻底放松。伊尔梅丽的双亲亦常在此小屋中悠然度过悠长夏日。时至7月底，马蒂爷爷便在这片土地上忙碌起来，他的任务是穿梭于50棵繁茂的醋栗灌木之间，精心采摘每一颗饱满的浆果。而在仲夏的热浪到来之前，他还需赶制出一百把桦树扫帚，将它们高高挂起，任由阳光与微风将其自然晾干。这一过程往往需要耗费数日时光。爷爷总是头戴一条打结手帕编织的头巾，安然坐在小屋的台阶上，手中不停地忙碌着，将一捆捆嫩绿的枝条细心捆绑。与此同时，勤劳的赫米奶奶则在夏日的厨房里，利用古老的炉子，精心熬制着香甜的果汁。

许多友人及国际宾客亦倾心于湖畔静谧的田园风光，在此悠然度过时光。杓鹬的啼鸣与睡莲叶上缭绕的薄雾，恍若艾诺·莱诺（Eino Leino，芬兰杰出诗人）笔下流淌的诗篇。然而，宾客的到来总令伊尔梅丽感到棘手，因她并非擅长待客之道。约里奥夏日里最为钟爱的美食，是烤大麦粉、酪乳、蜂蜜与草莓的巧妙融合，这份独特的味蕾享受，对初尝者来说显得尤为新奇。一段摘自 1980 年伊尔梅丽小屋日记的珍贵记录：“此刻，我正全力以赴，为宾客筹备餐食。试想，当忘却了前往市集之时，又能有何佳肴以待客呢？倘若你读到此处，我仍健在，那便是我最大的成功了。”幸而，伊尔梅丽不仅安然无恙，更将这段故事娓娓道来，与我们分享。

后现代主义风潮

约里奥卸任校长职务后，终于回归了梦寐以求的自由时光，并毅然决然地踏上了一场悠长的休假之旅。1981 年的盛夏时节，他携带着普利斯玛素描本与潘特尔（Pentel）0.5 毫米精细针管笔，悄然隐居于静谧的奥里韦西。在那扇洒满温柔光影的窗前，他悠然自得地躺在沙发床上，终于得以重拾画笔，让心灵随着思绪的翅膀自由翱翔。他仿佛化身为一位被灵感牵引的自动构思者，将满腔的情感与丰富的想象毫无保留地倾注于草稿纸上，让一幅幅栩栩如生、充满生命力的草图跃然纸上。

新成立的阿旺特公司以及摆脱沉重职业负担的轻松感，让约里奥对未来充满了无限的憧憬。现在，是时候摒弃那些陈旧的 20 世纪 70 年代美学观念，迈向更加广阔的未来。

约里奥深受启发，立志将狂野的形状与色彩巧妙融入那些工艺严谨、符合人体工程学设计的椅子之中。他的脑海中渐渐勾勒出一幅新颖的设计蓝图，即传统乡村家具的精髓与装饰性、风格化的细节完美融合。而奥蒂奥村民俗美学的记忆，也如同一幅幅细腻的画卷，缓缓在他心中铺展开来。

这些笔记本里满载着无数细腻入微的草图，随着秋意渐浓，约里奥已蓄势待发，准备呈现他精心策划的新实验性系列。他敏锐地捕捉到了当代社会的脉动。回顾 1982 年，意大利后现代设计先锋孟菲斯（Memphis）团队发表了其别具一格的宣言，预示着一场将颠覆传统、重塑设计与视觉色彩领域的风暴即将席卷全球。

约里奥的新产品系列在初期便以极为张扬的姿态崭露头角：以一种自信独特且坚定决断的方式，勇往直前。其设计的装饰图案并非随意地附着于家具之上，而是经过精心构思，巧妙地与家具融为一体，成为家

实验性的自在椅，
1983 年

具不可或缺的一部分，彰显出优秀创意与独具匠心。

结果是具有实验性质的，一款简约、柔软且极具通用性的椅子应运而生，其扶手设计巧妙融入了丰富多彩的设计元素。蓝色波浪、绿色苔藓路径以及红色爆竹形状的扶手，这些独特的设计元素共同铸就了这一系列产品的亮点。约里奥更是为该系列家具的品类进行了扩充，他设计了波浪形桌子和沙发床，使得整个系列更加完善和谐。与此同时，新公司的业务发展速度惊人，阿旺特的创始者们不断突破自我，一次又一次地达成了他们最初设定的宏伟目标。

赛可思（Sirkus）椅，1981 年

约里奥在后现代风格设计领域的探索中，进行了广泛而深入的实验性研究，他已然成为时代的先行者。1982 年米兰展览会上，约里奥推出的“实验”系列，堪称其职业生涯中的又一组巅峰之作。这一系列吸引了 32 家行业知名媒体的争相报道，不仅发表了详尽的文章，还配以生动的图片，将“实验性椅子产品”系列推向了公众视野的前沿。此番，从商业角度来看，媒体的热烈反响直接转化为了销售的显著增长，推动了公司销售的蓬勃发展。

在整个 20 世纪 80 年代，阿旺特的制造业务几乎完全聚焦于公共空间家具的设计与生产，包括办公室、大堂、医院、剧院及礼堂等多样化场所。尽管库卡波罗的家具同样被家庭用户所青睐，但其主要的市场营销策略实际上是通过建筑师在公共建筑设计中的采用与推广来实现的。

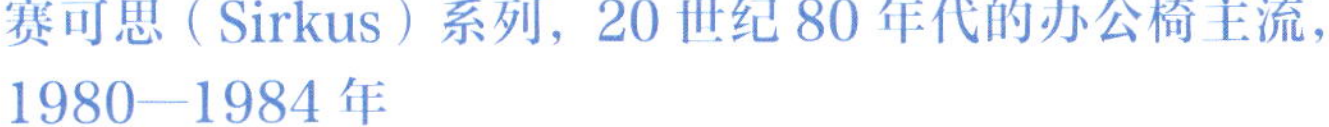

赛可思（Sirkus）系列，20 世纪 80 年代的办公椅主流，1980—1984 年

新的设计正逐步成形。诞生于技术主导的 20 世纪 80 年代的丰思奥系列产品，其庞大的体积曾让约里奥认为对许多办公室而言过于臃肿。于是，他开始致力于打造一款更为紧凑的椅子，旨在完美融入各种工作空间，包括家庭办公区域。经过约里奥的精心改良，这一全新设计系列被命名为“赛可思”（Sirkus，意为马戏团），它洋溢着浓厚的后现代气息。赛可思系列的一大亮点在于其高度可定制性，椅子上的各个元素均可直接在框架上变换色彩。塑料扶手能够轻松匹配任何颜色偏好，脚部亦配有塑料套，使得更换颜色变得极为简便，甚至座位边缘也融入了这一色彩变化的设计理念。这一特性赋予了客户及建筑师前所未有的创作自由度，使他们能够根据个人或项目的风格需求，塑造椅子的匹配

度，这一创新之举几乎成为 20 世纪 80 年代的标志性视觉元素。尽管在人体工程学方面，赛可思系列与丰思奥系列一脉相承，但其所展现出的后现代风格，却为原本严肃的办公椅领域增添了一抹不同寻常的活力与色彩。

约里奥难以置信的是，即便是 20 世纪 80 年代的银行，竟会为其各处分支机构的员工订购如此多姿多彩的椅子。这些椅子不仅颜色丰富，同一款式还融合了红色、蓝色与黄色的部件，令办公空间新颖明亮。当约里奥目睹这些椅子在工厂中被精心组装时，他对一向保守的银行机构竟会选择如此前卫的家具感到尤为惊讶。这无疑是后现代风格在各个领域渗透的又一例证，它不仅仅局限于建筑师与设计师的创意之中，更已悄然融入了我们生活的每一个角落。

“赛可思”这一名字的诞生，源自阿旺特团队一次充满创意的头脑风暴会议。起初，他们倾向于采用“菲古尔”（Figur）作为名称。然而，就在那个夜晚，伊尔梅丽适时地表示了关心，询问团队是否已锁定了一个令人满意的名称。当约里奥揭晓了他们的初步选择后，伊尔梅丽灵光一闪，说道：“哦，不，你们应该称之为赛可思！”此言一出，约里奥迅速采取行动，致电阿旺特团队，要求更改这个即将诞生的品牌的名称。

赛可思作为约里奥的明星产品之一，对其个人事业亦具有较为突出的意义。这款椅子巧妙融合了人体工程学原理与美学设计理念，同时，在环保层面亦展现出卓越的可持续性。其所有组件均经过精心打造，确保了极高的耐用性和持久性。

当艺术融入座椅

自建筑师佩卡·萨米宁（Pekka Salminen）步入设计界之初，他便成为库卡波罗的忠实拥趸。1983 年，萨米宁赢得设计大奖，完成了一座充满后现代主义与野兽派气息的混凝土建筑杰作——拉赫蒂（Lahti）市剧院，其竣工标志着建筑界的一次新尝试。该剧院内，观众席座椅的巧妙布局正是由约里奥的作品体系主导，他不仅赋予了剧院大厅以灵魂，还设计了一把名为皮尔维（Pilvi，意为云）的椅子，其柔软的云形靠背与建筑物的朴素简约相得益彰，形成鲜明对比。皮尔维椅的外观令人眼前一亮，浅绿色与浅蓝色的外衬交相辉映，而浅棕色皮革的内衬则如同混凝土丛林中飘浮的百合花，优雅而脱俗。这一设计引发了广泛的社会反响，评论纷至沓来，褒贬不一。然而，拉赫蒂的民众却对这个剧院情有独钟，它如今已被列为文物保护建筑，成为城市的文化地标。皮尔维椅在经过精心修复后，至今仍在使用，见证着岁月的流转。鉴于皮尔维椅的成功与拉赫蒂剧院的独特需求，约里奥又别出心裁地配套设计了一款小型椅子——维诺（Vino，意为倾斜）。这款椅子以其棱角分明的线条和独特的设计吸引了人们的目光，尽管其销量有限，但这正是约里奥产品设计风格的一种体现，他总能在细节中展现独特的创意与追求。受到戏剧世界的深刻启发，约里奥开始以全新的风格展示自己的作品。他带领阿旺特公司团队搬迁至距离原址仅十分钟路程的卡莱瓦卡图（Kalevankatu），这里是一座拥有巨大地下空间的商业建筑，为举办展览和摄影活动提供了得天独厚的条件。在这个没有自然光线的空间中，约里奥充分发挥了他的创意与想象力，巧妙地运用后现代主义手法设计灯光装置，将作品悬挂在空中以照亮空间。同时，他还为这一切设计了独特的声音和环境景观，使得整个空间成为一件充满艺术气息的作品。约里奥就这样一步步地发展着自己的空间艺术品创作之路。

1986 年，后现代实验系列达到了辉煌的巅峰时期。鉴于视听技术的蓬勃兴起，阿旺特萌生了制作宣传视频的想法。在此期间，约里奥的女儿伊萨引领他走进了表演艺术的殿堂，使他对年轻作曲家尤尼·凯佩宁（Jouni Kaipainen）的创新音乐产生了浓厚的兴趣。为了将这一音乐理念与视觉艺术完美融合，阿旺特特别邀请了阿斯科·阿帕贾拉赫蒂（Asko Apajalahti）来执导并拍摄这部宣传影片。通过与艺术家们的深入交流，他们成功地挖掘并汇聚了一批才华横溢的表演者。

舞者约马·欧提奈（Jorma Uotinen）是一位具有突破传统风格意识的芭蕾明星。约马受托自由创作一部主题作品，他和椅子扮演主要角色。尤尼的作品被钢琴家图雅·哈基拉（Tuija Hakkila）演奏。最终形成了一部名为《七点钟》的 11 分钟影视作品。在这部作品中，一位焦虑的公务员走出灰暗的办公室，进入了实验系列的狂喜之舞。这部独特的视频在阿旺特活动中播放，但营销人员大多认为它令人费解。

幸运的是，这部独特的表演仍可在网络视频中看到，保留了所有创作者的辛勤创作成果。

灯光艺术表演

约里奥于 1987 年获得殊荣，受邀成为拉赫蒂节庆日的特邀艺术家，其表演场地被精心选定在拉赫蒂市剧院这一璀璨舞台。剧院大堂内，早已由约里奥的家具作品巧妙装点，营造出一派独特风情。面对这一既定布局，他深思熟虑，力求以新颖视角重塑空间格局。鉴于环境的剧院属性，约里奥熟虑良久，然后构思出一幕“屋中之屋”的微型景致，巧妙地将戏剧元素融入空间设计中。他巧妙地在大堂中央构筑起一座半米高的平台，其上巧妙连接垂直横梁，并悬挂精致灯具，营造出层次叠落的视觉效果。平台之上，精心挑选的家具错落有致，其中一张以靛蓝玻璃台面为特色的金属框架桌子尤为引人注目。当聚光灯倾泻而下，台面映照出迷人的蓝色光影，与周遭环境形成鲜明对比，为这看似平凡的空间披上了一层超现实的面纱。约里奥的这一创举，不仅为观众带来了耳目一新的艺术体验，更为其后的综合艺术表现形式的探索奠定了创新的基础。

在同一时期，他欣然接受了为阿姆斯特丹的宾南（Binnen）画廊策划一场别开生面的家具展览的邀请。在从拉赫蒂庆典圆满结束归途列车上，约里奥的脑海中已勾勒出宾南展的创意蓝图，清晰而生动。他决意打破传统家具展览的常规，创新性地营造出一个光影交错的魔术场景舞台，其视觉震撼力将超越此前令人瞩目的拉赫蒂节日庆典。在由拉赫蒂驶向赫尔辛基的漆黑汽车内，库卡波罗夫妇灵感迸发，共同敲定了即将在宾南画廊惊艳亮相的展览名称——“梦幻空间”。

在雅科·雷曼（Jarkko Reiman）这位得力助手的陪同下，约里奥踏上了前往阿姆斯特丹的旅程，参与了这场盛大的展会。此展会恰与国际工业设计协会大会同期举行，汇聚了众多行业精英与前沿设计思潮。

“梦幻空间”于大会期间的一个夜晚璀璨绽放，吸引了数百名国际嘉宾蜂拥而至，汇聚在小运河畔的画廊。几乎瞬间，约里奥便收获了将展览带往米兰、斯德哥尔摩、萨格勒布乃至澳大利亚的邀约。他的创意在全球范围内屡次呈现，成为国际艺术舞台上的璀璨明星。1990 年，约里奥受邀在瑞典哥德堡的罗斯卡·康斯特劳里（Röhsska Konstindustri）博物馆举办展览，这一展览可能铸就了迄今为止最为宏大壮观的“梦幻空间”。因此，它在瑞典获得了一个全新的名字——Surrum，即超现实主义房间。在接下来的五年时光里，每当约里奥有新作问世，这个独特的展览空间便再次被精妙地重现。

约里奥的设计作品在瑞典也得以延续其辉煌。1981 年，阿旺特在瑞典创立了子公司——阿旺特斯文斯卡有限公司（Avarte Svenska Ab）。这家公司由思想开明、勇于尝试且卓越的销售专家斯蒂格·林德格伦（Stig Lindgren）全权拥有。林德格伦与瑞典的顶尖建筑师及企业建立的深厚合作关系，为母公司注入了全新的营销灵感与策略。阿旺特斯文斯卡公司的首个办公地点选在了斯德哥尔摩老城中心，瓦斯特朗加坦（Västerlånggatan）这条历史悠久的街道上的一家别致商店内。这里，中世纪的古朴风情与现代家具的简约线条交织成一幅动人的画卷，形成了鲜明而迷人的对比。在瑞典这片土地上，约里奥的设计作品更是赢得了极高的赞誉与认可。

新功能主义

约里奥为阿旺特定制设计的首把椅子，即斯卡拉系列，精心地融合了功能主义理念，采用铬合金与黑色胶合板精心打造。此款杰作后被瑞典杰出建筑师沃尔特·魏斯（Walter Weiss）慧眼识中，并成功转型为 A500 系列。魏斯先生不仅是库卡波罗设计理念的狂热追随者，亦是阿旺特斯文斯卡产品系列的忠实顾客。回溯至 1987 年，魏斯正着手为斯德哥尔摩的胡丁格（Huddinge）地区的一家医院精心规划内部装修新貌。其间，他向约里奥提出了一个富有创意的构想：是否可将斯卡拉系列纳入医院色彩缤纷的家具阵容中，成为一道独特的风景线？魏斯深谙环境对患者心情的微妙影响，他渴望在候诊区域打破传统山毛榉木家具的单调沉闷，以充满趣味性的家具设计激发空间活力，同时利用色彩方案的巧妙布局，为患者指引方向，营造更加温馨舒适的医疗环境。

这正是约里奥倾心研究的“人体工程学心理”。自 1970 年起，他便投身于家具视觉功能应用的探索，努力尝试将艺术与家具巧妙融合于景观沙发之中。受医院项目的功能性启发，约里奥灵感迸发，研制出了一款椅子，其金属部件被赋予了多彩的面貌：面板边缘与软垫均可随心所欲地变换色彩。这一系列作品不仅实用性强，且卫生、易于维护，虽或许因其简约而不易给人留下深刻印象，却能在任何环境中轻松融入，展现其独特的适应性。此外，约里奥还贴心地为护理场所设计了一个加高的家具版本，这一创新之举极大地便利了行动不便者从座椅上起身。

在参与的医院项目中，
约里奥受到启发，开发了
一款带有不同颜色金属部件的椅子：
面板的边缘和装饰布料
可以是任何颜色。
这个系列既实用又卫生，
而且易于修理。

随着后现代主义潮流的逐渐消退，A500 系列适时恰当地推出了以黑白色调为特色的更为低调的版本。

更大的居住空间

库卡波罗始终采用理性的解决方案来面对生活中的种种挑战。A500 木腿摇椅，这款作品源自约里奥为外孙女伊达（Ida）诞生时所作的深情献礼。作为祖母，伊尔梅丽满心期盼能为自己的外孙女添置一把摇摇婴儿椅，而她的愿望最终得以实现。自那以后，当地所有的孩童都亲切地称呼这位新奶奶为 Maamo。

A509 椅，1986 年

有一段时间，工作室不仅是伊萨和伊达的游乐场所，更是她们温馨的家园。1987 年的春日里，伊达·萨拉在此举办了别开生面的命名派对。这间工作室虽为孩子们营造了一个充满活力的空间，但面对三代人的居住需求与对桑拿浴室的渴望，其局限性日益凸显。于是，库卡波罗转而寻求隔壁托勒银行经理的夏季小屋中的原木桑拿浴室作为权宜之计。随后，为了打造更为宜居的环境，家庭决定在工作室旁兴建一座风格迥异的居住单元。他们特邀佩卡·萨米宁操刀设计，其草图与构想最终凝聚成一座于 1992 年落成的建筑杰作，建筑就像一个精致的木制巢穴，矗立于自然之中。建筑的一侧紧邻街道，由工作室与住宅楼间的混凝土墙所环绕，而另一侧则敞开怀抱，拥抱着一个生机勃勃的庭院。

20 世纪 80 年代的伊尔梅丽，或者称之为 Maamo

在这片绿意盎然之中，一座燃木烧炉静静地伫立，作为岁月的见证者，提供温暖与舒适的源泉。多年来，这座由芬兰著名现代壁炉设计师海基·海蒂安宁（Heikki Hyytiäinen）精心打造的炉子，营造着温馨宜人的大家庭氛围。

在明媚的春日里，草地上绽放着洁白的百合与蓝紫色的银莲花，装点着整个院落。转至盛夏，蓝莓挂满枝头，诱人采摘；及至金秋，则是品尝鲜红越橘的绝佳时节。在这片树木葱郁的空间中，家人精心布置了一系列雕塑作品，为景致添上几分艺术气息。日本著名雕塑家、环境艺术家新宫晋（Susumu Shingu）创作的钢铁雕塑，在微风中轻轻摇曳，其形态巧妙地映照着天空与树木的变幻。坎恩·塔帕（Kain Tapper）的白杨浮雕与周围的橡树、花楸树相得益彰，仿佛自然与艺术的完美融合。而安特罗·托伊卡（Antero Toikka）与卡里·胡塔莫（Kari Huhtamo）的杰作则傲立于前院，成为视觉的焦点。对于约里奥而言，这些艺术作品不仅仅是视觉的享受，它们更像是拥有生命的存在，被他视为家庭的一部分，倾注了深厚的情感。值得一提的是，莉莎·鲁苏瓦拉（Liisa Ruusuvaara）所塑的女性形象，原本设计为一个门挡，却因石膏材质的脆弱而未能承受重任。如今，取而代之的是伊萨学生期间项目中精心铸造的青铜女性雕像，她以躺卧之姿优雅地撑着夏天工作室的大门，为这片空间注入了新的生命力与故事感。

调和责任与自由

随着 20 世纪 90 年代的序幕缓缓拉开，后现代主义思潮也汹涌而至。约里奥深刻体悟到对阿旺特员工所承担的个人责任感，因他的产品设计紧密关联着这家工厂的就业稳定与未来发展。企业的兴衰起伏，自然而然地反映在收入的波动之中。然而，约里奥的志向并未仅仅囿于财富的累积，他更倾心于作为设计师不断追求卓越、实现自我超越的创新旅程。凭借他卓越的才华与不懈的努力，约里奥的艺术作品在销售领域始终保持着稳健而卓越的态势。他所携手的产品制造商，皆是业界的翘楚，其中阿旺特与乐宝的强强联合，更是将约里奥的创作成果推向了新的高度。然而，在艺术创作的道路上，约里奥始终坚守着独立自由的精神，不断探索艺术的真谛，拓宽创新的边界。

可以与外部企业合作吗？格布鲁德·托奈特（Gebrüder Thonet）公

司，作为欧洲家具制造业的悠久企业，凭借其标志性的“维也纳”曲木座椅享誉全球，是这一领域最古老且备受尊崇的公司之一。1989 年，托奈特公司迎来了其辉煌的 150 周年庆典，为铭记这一历史性时刻，公司盛情邀请了全球顶尖的十位设计师，共同为周年纪念系列设计椅子，以此致敬过去，展望未来。作为北欧设计界的杰出代表，约里奥有幸受邀参与了这场设计盛宴。约里奥精心思考，设计出一款融合后现代主义元素的混合扶手椅，其椅腿采用色彩斑斓的层压板精心打造，扶手则覆以亮泽的黑色漆面，坐垫选用了质感厚实的皮革，整体设计灵感源自经典的卡西诺椅，同时巧妙地融入了意大利古典风格的奢华韵味。更令人赞叹的是，约里奥巧妙地将椅子的各个组件设计为可拆卸的平板箱进行运输组装，极大地提升了其实用性与便携性，这一创新设计也让他本人深感意外与自豪。原本，托奈特公司计划在周年展览结束后即投入生产这款设计佳作，然而，事态的发展却出现了意想不到的转折。阿旺特公司将约里奥的设计视为对公司产品潜在的威胁，并坚持认为约里奥不应有机会与他深深敬仰的托奈特家具公司携手合作。毕竟，能够让自己的作品成为托奈特家具系列的一部分，对于任何设计师而言，都是对其实力与才华的极大肯定，更将极大地提升其在国际设计界的声誉与地位。面对这样的困境与抉择，约里奥陷入了深深的思考之中。

阿旺特公司目前正承受着经济不确定性的沉重压力。直到 20 世纪 90 年代中期，约里奥一直是公司艺术与设计领域的领军人物。然而，在 1993 年满 60 岁以后，约里奥渐渐感受到自己的创造力遭到质疑。面对这一挑战，一位商业顾问向公司提出了扩大规模的建议，并指出公司不应仅仅依赖库卡波罗一位设计师来代表公司的创意力量。随着公司战略的调整，产品的开发与品牌形象的塑造逐渐脱离了约里奥的直接掌控，这让他深感自己被边缘化，从公司核心领导层中悄然退场。尽管这一变化对约里奥来说无疑是沉重的打击，但他却难以找到合适的言辞来为自己辩护，证明自己的价值与立场。尽管这场内部变革带来了诸多纷争与挑战，但幸运的是，它并未导致约里奥与阿旺特之间的合作关系彻底破裂。双方依然保持着良好的沟通与协作，共同面对未来的挑战与机遇。

一天建成的大礼堂

20世纪90年代中期之后，剧场建筑兴起，观众对座位的需求急剧增加。随着经济增长浪潮的加剧，礼堂和看台在经历了一段时间的衰退后，迎来了经济的快速增长并实现了崛起。

1991—1992年，约里奥的工作室惊艳亮相了一款设计精妙、美妙出众的模型——修长的丰托思（Funktus）。这一系列大型椅子以其背部独特的折纸状胶合板设计脱颖而出，流线型的填充设计完美贴合人体工学原理。扶手部分则采用了注塑成型的塑料材质，其圆润且整洁的外观更添几分优雅气质，精心塑造出令人赞叹的轮廓线条。

丰托思是一款独具个性的座椅，再次见证了库卡波罗的无限创造力，他再次受命为杰出建筑项目量身打造产品。数十年来，赫尔辛基城翘首以盼，终于迎来了一座崭新的歌剧院。回溯至1987年，赫尔辛基市中心，托勒拉赫蒂（Töölönlahti）海湾之畔，一块昔日糖厂的遗址焕发了新生。建筑师海瓦马基（Hyvämäki）、卡尔胡宁（Karhunen）与帕尔基宁（Parkkinen）携手，共邀约里奥担纲座椅设计重任。然而，项目曾因财务波折而一度搁浅，但终于在1993年迎来落地之日，新歌剧院盛大启幕。剧院的核心——主礼堂内，约里奥的最新设计杰作面世。胶合板精心构筑的椅框边缘巧妙融入芬兰国旗的蓝色元素，这一独特标识成为约里奥设计的鲜明烙印。而覆盖其上的，是宛如雷雨天积雨云般绵柔的灰色羊毛织物，它静静聆听着管弦乐中定音鼓的浑厚回响，平添了几分艺术与环境的和谐共融。

2015年，主观众席的座椅被全面更换为不知名品牌的剧院座椅，原因是原有的坐垫已严重磨损。

原有的1380把库卡波罗椅子被直接遗弃，未能得到妥善利用。承包商出于成本考虑，认为更换座椅相较于重新装潢更为经济实惠，导致在歌剧基金会整修观众厅的决策过程中，可持续性并未被放在首要考虑的位置。然而，颇具讽刺意味的是，新引入的座椅在靠背边缘特意涂上了蓝色，以向原先的座椅致以某种形式的敬意。

与此同时，丰托思扶手椅则获得了新生，选用于赫尔辛基万塔机场的新休息室，而观众厅的模型座椅更是成为国际剧院市场的热门之选。

阿旺特公司已逐渐摆脱约里奥作为单一设计师的个人烙印，凭借“不妥协，不墨守成规”的鲜明座右铭，在业界声名鹊起。

约里奥的家具设计作品广泛应用于教育场所、会议室、文化建筑、医院、礼堂、办公室及住宅等各个领域，并成功打入全球市场，包括沙特阿拉伯和日本。斯德哥尔摩某礼堂甚至以仅配备数十把经典白色卡路赛利椅子而著称，这无疑是阿旺特公共空间家具套装全球热销的一个缩影。在公司内部，项目销售人员与设计师携手并进，共同推动项目的发展。他们的工作一直得到了约里奥的认可与支持，当需要时，约里奥还会亲自为现有椅子的设计提供定制化的解决方案，确保每一件产品都能完美契合客户需求。

丰托思（Funktus）椅，1991 年

没有离上帝更近

约里奥最钟爱的公共空间之一，莫过于位于德国纽布兰登堡（Neubrandenburg）市的圣玛丽教堂（Marienkirche）。这座哥特式建筑，始建于 1298 年，历经沧桑，于 1989 年德国统一后，因亟待修复而举办了一场国际瞩目的建筑设计竞赛。由于第二次世界大战末期的战争炮火，教堂的屋顶遭火灾摧毁，仅余下斑驳的墙壁与部分绚丽的彩色玻璃窗，成为历史的见证者。在这场激烈的设计竞赛中，约里奥的挚友及合作伙伴——建筑师佩卡・萨米宁（Pekka Salminen）携手其团队脱颖而出，成功中标。鉴于二人生活中频繁的交集与深厚的默契，再次合作无疑是水到渠成。他们巧妙地将教堂改造成音乐厅，在保留历史建筑精髓的同时，赋予其全新的生命力。改造后的教堂内部，一个功能完备的空间应运而生，巧妙地融入了这座古老建筑之中。为了提升音响效果，设计团队特别引入了玻璃屋顶与塔楼的新元素，使得整个空间既保留了历史的韵味，又充满了现代感。而约里奥的丰托思音乐厅椅，也在这全新的环境中找到了属于自己的节日氛围，为这座教堂的重生添上了浓墨重彩的一笔。

音乐厅于 1996 年竣工。2017 年，得益于一位慷慨的赞助商的鼎力支持，音乐厅内迎来了一台崭新的大型管风琴。佩卡・萨米宁的团队全程配合，顺利完成了这台乐器的安装工作。音乐厅本身便是一个令人叹为观止的杰作，其内部空间的设计巧妙，使得合唱团、管弦乐队以及那台宏伟的管风琴所发出的天籁之音能够自由回荡，让人仿佛置身于天堂之中。对于约里奥而言，圣玛丽音乐厅不仅是他职业生涯中的一座里程碑，更是他世俗生活中所向往的工作之地。每当他站在这个舞台上，他都能感受到一种前所未有的接近上帝的奇妙体验，这是他在其他地方所无法比拟的。

佩卡·萨米宁凭借圣玛丽音乐厅项目荣获了德国国家奖，而库卡波罗则因其卓越的座椅设计摘得了“椅子奖（für die Stühlung）”的桂冠。这一荣誉不仅显著提升了他们在德国业界的知名度，还为他们赢得了众多新项目的合作机会。

生态学，一种新的觉醒

1991—1993年，芬兰遭遇了战后历史上最为严峻的经济衰退期。这一困境的成因错综复杂，苏联的解体对芬兰无疑构成了沉重的打击，鉴于其对东向贸易的极度依赖，而这一贸易对芬兰的出口导向型经济至关重要。以服装业为例，该行业在较长时间内饱受冲击。

家具市场同样未能幸免，遭遇了明显的冲击。尽管阿旺特公司并未直接依赖与苏联的双边贸易，但整体经济环境恶化明显减缓了公共部门的投资步伐。此前，该公司大量销售对接的项目，如礼堂和学校等基础设施项目，接连遭遇搁置或取消，这无疑对公司的业务造成了深远的影响。随着经济衰退的加剧，芬兰工业领域更是陷入了破产的浪潮之中，而银行业也面临前所未有的危机。在这一艰难时刻，约里奥将目光转向了手工艺品、木制家具以及生态思维导向的设计探索等方面，试图寻找新的出路。

约里奥以他长久以来形成的思维方式为起点，深入内省，并致力于探索一种富有创造性的解决方案，以期摆脱当前的困境。尽管20世纪80年代的主流思潮聚焦于后现代主义，但生态学却如同一股清新的风，为未来带来了新的希望。设计师们逐渐意识到对濒危树木的过度开采，以及对自然资源的无谓浪费，内心深感愧疚。约里奥从绿色理念中汲取灵感，着手改进木质家具的设计。他巧妙地利用桦木以及木材工业中常被忽视的“废弃木材”，创作出了一系列名为“阿诺斯”（Alnus，拉丁文中意为桦木）的作品。然而，由于名字可能引发误解，这些设计作品并未能如预期般产生广泛的影响。尽管如此，约里奥并未放弃。他继续探索，设计出实木椅框架，并巧妙地将金属组件融入其中，形成了自己独特的设计语言。随后，他设计的普波塔系列（Puupöytä，意为木制桌子）在斯德哥尔摩、柏林和赫尔辛基等地巡回展出，引起了业界的广泛

在经济衰退
最严重的时刻，
约里奥将注意力转向了
手工艺品、木制家具
和生态思维导向的设计探索。

关注。展厅中，打蜡的桦木胶合板展台上精心放置着新款的椅子，更显其独特魅力。约里奥最为得意的设计之一，是用欧洲花楸木制成的普雷苏（Pressu）系列产品。这款座椅采用了厚实的棉布作为覆盖材料，不仅舒适耐用，更彰显了他对环保理念的坚持。尽管展览在专业领域内获得了高度评价，但约里奥的生态觉醒在商业上却遭遇了经济衰退的阻碍，未能如愿以偿地引起更广泛的共鸣。

随着经济环境的持续改善，气候变化议题似乎悄然退居幕后，不再如往昔般占据公众视线的中心。正如约里奥所观察到的，人们的注意力似乎又回到了追求铬金属光泽与黑色系列的潮流之上。尽管当前，那些旨在木材利用方面的创新计划暂时遭到搁置，但值得注意的是，生态思维已深深融入库卡波罗的设计哲学之中，成为其不可或缺的一部分。

美丽的桦树

库卡波罗尝试使用非商业木材种类，并将注意力转向了本土原材料——桦木。过去多年来，他一直依赖胶合板，如今却重新投身于实木家具的世界，再次被这种鲜少受到如此热烈赞誉的材料深深吸引。桦木在成型和作为替代胶合板材料方面表现出色，它兼具坚韧与柔韧活性，同时相比其他硬木又更为柔软。在约里奥眼中，桦木是饰面板和胶合板的理想之选。纹理稀疏、弯曲度不高的桦木更适合用于胶合板的制作。此外，胶合板的一个显著优势在于，所有带有节疤或质量不佳的木料都能巧妙地隐藏在板材内部，而将优质材料置于表面，从而显著减少了材料浪费。

阿诺斯（Alnus）椅，1995 年

桦木还是一种生态友好的材料，因其快速再生的特性而备受青睐。在家具领域，库卡波罗发现木材为产品赋予了新颖价值。同时，木材也是一种健康的材料。它不会释放有害化学物质，且在得到妥善处理后，也不会像微塑料那样对环境造成破坏。

最后向卡累利阿告别

约里奥多次在回忆中想到卡累利阿地区，于是他参与了 1990 年南卡累利阿艺术博物馆举办的特别展览。该博物馆敏锐地洞察到，芬兰艺术与创意产业的灵魂深处，汇聚着一群深受卡累利阿地区某一隅滋养的艺术家。他们之中，不乏如约里奥·库卡波罗这样的设计巨匠，以及平面艺术家埃里克·布鲁恩（Erik Bruun）、纺织艺术大家克里斯蒂·兰塔宁（Kirsti Rantanen）、玻璃艺术巨匠奥伊瓦·托伊卡（Oiva Toikka），更有雕塑领域的杰出代表尼娜·特诺（Nina Terno）与特罗·萨基（Terho Sakki）。这些艺术家虽背景各异，但相同的是，卡累利阿独有的氛围在他们纯真的童年时代便已悄然植入心田。

“半岛的根源（Kivijalka Kannaksella）”展览于当年 6 月初璀璨开幕，伴随着温暖的季节气息，吸引了八方来客。约里奥的母亲伊娃，身着洁白的棉质夏帽与绚烂的花裙，优雅地步入这场欢庆的盛会。这是她首次参与此类活动，见证了儿子约里奥向公众展现其专业风采的荣耀时刻。

作为特邀嘉宾，演员埃利斯·塞拉（Eelis Sella）同样与维堡有着不解之缘，于开幕式上倾情献艺。当他吟唱起经典的《卡累利阿》（Karjallan kunnailla），一股怀旧之情油然而生，仿佛穿越时空的隧道。伊娃的思绪飘向遥远的奥蒂奥，耳畔似乎回响起屋檐下燕子的呢喃声，眼前浮现出白桦树嫩叶轻摇的景致。在场的每一个人，眼中都闪烁着泪光，心中涌动着难以言喻的思念。唯有约里奥四岁的孙女小伊达，纯真无邪地好奇着为何大人们会如此动容，她代表的是未来的一代，尚未被过去情感羁绊的一代。

此次展览，不仅是对往昔模糊怀旧记忆的温馨回顾，更是为曾经的岁月画上了一个圆满的句点。约里奥深感荣幸能成为卡累利阿展览工作团队的一员，共同见证并铭记这段历史与情感的交融。

内洛宁（Nelonen）和图腾椅

约里奥的工作渐入佳境，呈现出积极向好的态势。得益于新技术的引入，以及诺基亚的强势推广，芬兰成功摆脱了经济低迷的困境。艺术的跨学科正逐渐成为下一个备受瞩目的热门领域，众多画廊相继建立，吸引了众多收藏家热情投身艺术投资。约里奥独特的艺术天赋，在其作品中得到了淋漓尽致的展现，其中一些作品更是逐渐投入商业生产。

法国出生的建筑师雅克·图桑特（Jacques Toussaint）定居意大利后，于 20 世纪 80 年代创立了一家公司，专注于生产托比亚·斯卡帕（Tobia Scarpa）等著名设计师的杰作。他同时也是阿尔托设计理念的忠实拥趸。早在 1984 年的米兰展会上，图桑特就积极建议阿旺特公司在意大利设立分支机构，这源于他对库卡波罗设计的深深赞赏与深刻印象。多年来，他精心策划了多场库卡波罗作品的展览，这些活动虽未必直接带来经济上的丰厚回报，但对于阿旺特而言，与图桑特的合作无疑极大地提升了其文化声誉与影响力。约里奥的合作伙伴——米科与安蒂，始终深刻理解这一点。他们给予约里奥充分的自由，鼓励他探索艺术的多样性，并坚定地支持那些或许短期内不具备显著商业价值，但充满创意与前瞻性的项目。1995 年，在图桑特的倡议下，米兰的斯帕齐·法布里卡（Spazio Fabbrica）迎来了一场别开生面的展览。约里奥借此契机，创作了一个别出心裁的装置艺术展。他率先展出了一把设计独特的椅子，其灵感源自 20 世纪 80 年代某个冬日，他在考尼宁偶然发现的一根断裂曲棍球杆的杆身。杆身上刻有“泰坦”字样，这一偶然的发现激发了约里奥的创作灵感，他将其珍视并巧妙融入设计之中，使之成为一件富有故事性的艺术品。

在 20 世纪 90 年代初期的米兰展会上，约里奥精心研发，创作了一把简约雅致的小椅子，命名为“内洛宁（Nelonen，即数字四）”。此名蕴含了对纯真小学时光的深切怀念，往昔“内洛宁”曾是某款椅子的专属名称。约里奥充分释放创意灵感，主动联系了曲棍球棒制造商，探讨是否能用其独特材料来打造椅子。

随后，这一跨界尝试结出了硕果，约里奥成功利用曲棍球棒材料，打造出标志性的“泰坦”椅子。

再度携手屡获殊荣的平面设计师塔帕尼·阿托曼（Tapani Aartomaan），约里奥汲取到新的创作灵感。约里奥询问塔帕尼，是否

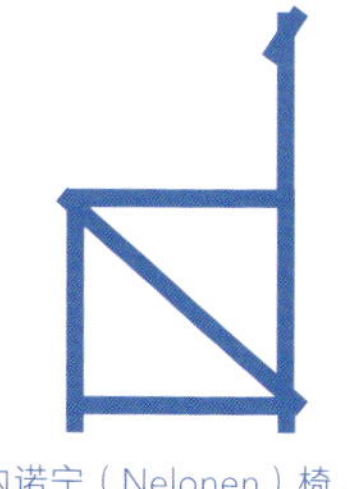

内诺宁（Nelonen）椅，1986—1996 年

能为“内洛宁”项目设计一系列独特图案。塔帕尼深受启发，决心将平面设计与室内设计完美融合。

图腾（Tattooed）椅，1991—1999 年

作为这一理念的初步实践，第一张图腾椅以丝网印刷海报的形式呈现，展现了独特的艺术魅力。随后，在 1995 年库卡波罗荣获卡吉·弗兰克（Kaj Franck）设计奖之际，为了庆祝这一殊荣并展示设计成果，他决定在赫尔辛基埃罗特塔贾（Erottaja）设计论坛上推出两把标志性的图腾椅——“索纳蒂（Sonatti，意为奏鸣曲）”椅子与一把大海报椅子。IKI 层压公司积极参与了海报椅子的制作，这些椅子因此得名“图腾椅”，彰显了其独特的纹理与风格。值得注意的是，每一款设计都独具匠心。例如，芬兰设计博物馆特别定制了带有金属框架的可堆叠礼堂椅，其靠背上巧妙地融入了多位设计师的名字，通过层压工艺呈现，既实用又富有纪念意义。

AGI 主席项目

2003 年，为了配合国际平面设计师联盟（AGI）的盛会，一项独一无二的椅子设计项目应运而生。该项目由库卡波罗、阿尔托玛（Aartomaa）与阿旺特公司的卓越智慧，共同打造。来自世界各地的联盟成员得到诚邀参与其中，他们为库卡波罗所设计的简约椅子表面，精心绘制了丰富多彩的平面设计作品。原本预计的参与者数量约为 40 人，然而最终却吸引了 76 位才华横溢的设计师加入这一创意盛宴。

截止日期前寄往芬兰的平面艺术品，巧妙地覆盖于椅子的座位与靠背之上。这些椅子的胶合板部分，源自巴克曼公司的精湛工艺，而金属部件则出自苏埃尔莫（Joensuu）的约恩（Elmo）公司的精心打造。会议期间，这场椅子的展览在赫尔辛基市政厅盛大举行，得到了市长尤西·帕尤宁（Jussi Pajunen，值得注意的是，赫尔辛基在 2004 年才正式实施市长制度）的鼎力赞助。

此系列作品不仅惊艳了观众，更经精心编纂成册，由厄维科（Erweko）出版社出版，所用纸张则由阿默帕普（Amerpap）公司慷慨赞助。约斯蒂·瓦里斯（Kyösti Varis）以其独特的视角为这本出版物撰写了精彩的前言。

当会议圆满落幕，平面设计师们满怀感激地将这些艺术品与椅子细心打包，拆卸后带回了各自的家。考虑到这一切辉煌成就的背后，皆由一群热心的志愿者与慷慨的赞助商共同铸就，这无疑是一个规模宏大且意义重大的项目。

美莎（Metsä）椅和阿尔派（Alpine）椅

20 世纪 90 年代末，佩卡·萨米宁工作室接到了赫尔辛基万塔机场扩建工程项目的委托。针对二号航站楼的入口大厅，库卡波罗与阿尔托玛受托设计了一系列镶嵌薄木花纹的“森林”主题椅子。同时，玛蒂·艾哈（Martti Aihaa）也贡献了一件壮观的木雕作品。这一设计理念旨在以芬兰最为人称道的自然与森林之美，迎接每一位踏入机场的新访客。

针对 2013 年的翻新工程，鉴于公共安全的考量，家具及雕塑被悉数移除。雕塑是因为存在攀爬风险，而木结构建筑则潜藏着火灾安全的隐忧。家具的轻质特性使其易于随意移动，进而导致了大厅内秩序的混乱。尽管芬维亚（Finavia）已着手尝试为这些艺术品寻找新的安置之地，但它们的最终命运至今仍悬而未决。

拉赫蒂的纽沃画廊（Galleria Nuovo）在 20 世纪 90 年代末隆重推出了“图腾座椅展”（Tatuoidut tuolit）。此次展览汇聚了形态万千的图案椅子，它们巧妙地将约里奥的自由创作灵魂与传统设计的深邃底蕴融为一体。这是约里奥与设计师塔帕斯（Tapsa）的联袂之作，不仅彰显了二人之间无与伦比的默契与创意火花，更在创作过程中体现了对细节

1995 年，
库卡波罗获卡吉·弗兰克
设计奖，
并以展览形式
推出新作品。

的不懈追求与对创意的慷慨分享。这场展览无疑是约里奥与塔帕斯设计才华的一次快意绽放。

随后的一套大型图腾椅，是受瑞士知名收藏家布鲁诺·比肖夫斯伯格（Bruno Bischofsberger）委托定制的杰作。作为一位对芬兰设计情有独钟的国际赞助人与画廊掌舵人，比肖夫斯伯格凭借深厚的人脉，成功说服了约里奥与阿尔托玛联手打造了一系列独一无二的图腾椅，其设计灵感源自壮丽的瑞士阿尔卑斯山脉。约里奥在此项目中担当起生产执行的重任，而科尔文马（Korvenmaa）加工厂则欣然接受了这一制作挑战。当椅子终于完成之际，布鲁诺·比肖夫斯伯格不远万里飞往赫尔辛基，只为亲眼见证这些艺术品的诞生。然而，约里奥却自嘲为“推销员”，并别出心裁地决定以未组装的零件形式展示椅子，为这场交易增添了几分戏剧性。经过一番外交般的曲折交涉后，客户终于在萨沃伊（Savoy）酒店享用午餐后，携同随行人员前来验货。约里奥亲自驱车从考尼宁郊区穿越至普纳武利（Punavuori）地区的中心地带，在街边停留，打开后备厢，为买家提供了一场别开生面的快速预览。比肖夫斯伯格被这份独特与古怪深深吸引，更加坚定了拥有这些椅子的决心。最终，整套图腾椅经精心组装完毕，远渡重洋，抵达瑞士。约里奥则留下了一把椅子作为永恒的纪念。这段在图腾椅上的合作佳话，一直延续至 2009 年阿尔托玛的离世。而阿尔托玛的最后一件设计作品，竟是他自己葬礼的仪式与内容，这无疑是对生命与艺术最深刻的致敬。随着阿尔托玛的逝去，约里奥再次痛失了一位挚友与同事。

←
库卡波罗夫妇在一家由修女经营的酒店，葡萄牙，1962 年

↓
26 岁的伊尔梅丽和 3 岁的伊萨在卡萨明卡图（Kasarminkatu）公寓里，1960 年

↑
约里奥的设计理念与思路可以在他的第一把休闲椅——卢库（Luku）中看到。背景中是海鸥（Lokki）椅子

→
为梅里瓦拉公司（Merivaara Oy）设计的织物包覆的曲背椅，预示了随后玻璃纤维椅的设计手法

↓
1962 年，约里奥第一次使用玻璃纤维进行椅子实验。这是唯一留存的照片。椅腿由奥库斯蒂·霍波宁制作

→
1961年，在基萨哈利（Kisahalli）贸易展的约里奥和商业伙伴

←↓
约里奥在1959年为伊萨设计了一把摇椅。根据他的理念，孩子是未来的成人，因此椅子足够宽大，成人也能坐下。娃娃也是约里奥设计的人形玩偶

摩登诺系列椅是为 1956 年的一家鞋子连锁店设计的，整个系列在 1960 年开发完成

1963 年，约里奥家中的工作区。伊萨在窗台上，旁边是由莉萨·鲁苏瓦特（Liisa Ruusuvara）创作的雕塑

皮诺·米拉斯（Pino Milas）和约里奥在 1962 年的威尼斯，他们一直是亲密的朋友，直到皮诺在 2021 年去世

安泰（Ateljee）椅系列诞生于1962—1963年，由海米（Halmi Oy）公司生产。这款模块化沙发套装很快开始风靡全球。安泰的每个部件均可被替换或修理。木制部件可以拆卸，因此轻金属框架易于移动和储存

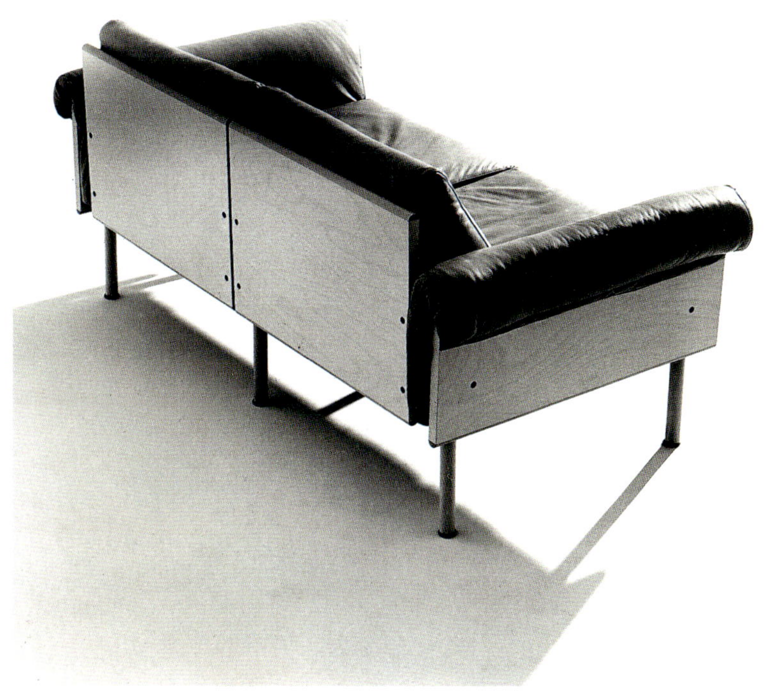

HAIMI

海米公司产品目录。1975 年版。对于当时的芬兰家具市场来说，这种多彩的图形外观是全新的

卡路赛利椅是在海米工厂的约里奥工作室设计的。约里奥用自拍定时器拍摄了这张单色照片

←
卡路赛利椅、脚凳和土星（Saturnus）桌子组合成一个有效的整体。这张桌子最初是为芬兰—瑞典的渡轮设计的。它的边缘略微提升，这样船在海上行驶时饮料杯就不会从桌子上滑落

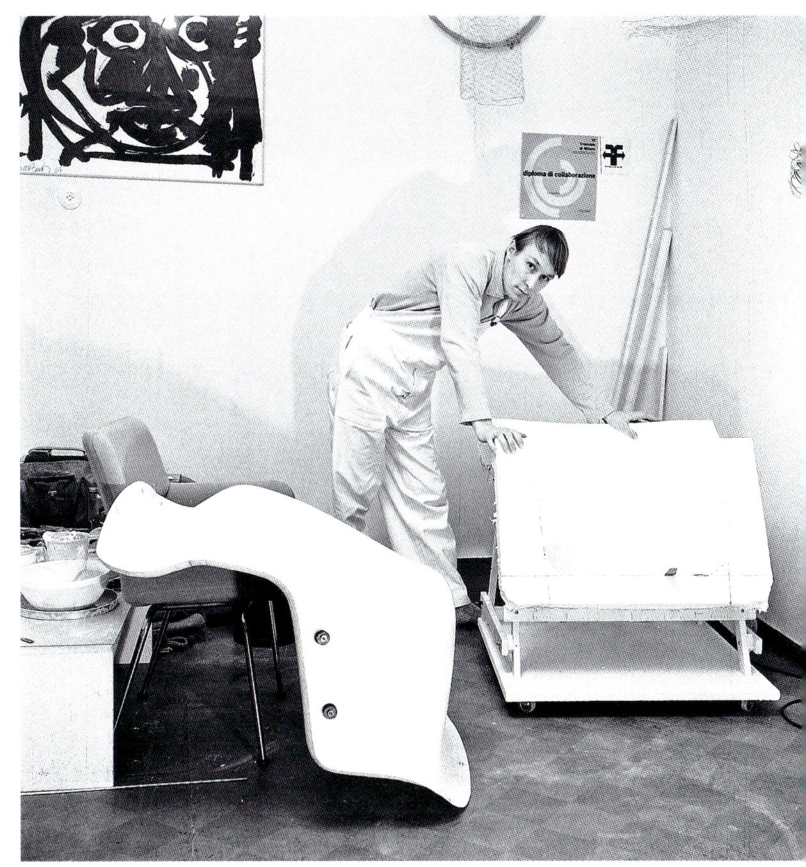

→
卡路赛利椅的第一个玻璃纤维原型。墙上是霍华德·史密斯（Howard Smith）的图形作品

↓
起初，卡路赛利有一款编号为 142 的椅子。它是更大系列的玻璃纤维椅子家族中的一员。现在，它几乎是这一系列中唯一仍在生产的椅子

↓
芬兰—瑞典渡轮上的酒吧环境氛围。土星酒吧凳子，带上翘边缘桌子和C型椅子

→
小型玻璃纤维制415型号转椅，带有铝制变形虫腿

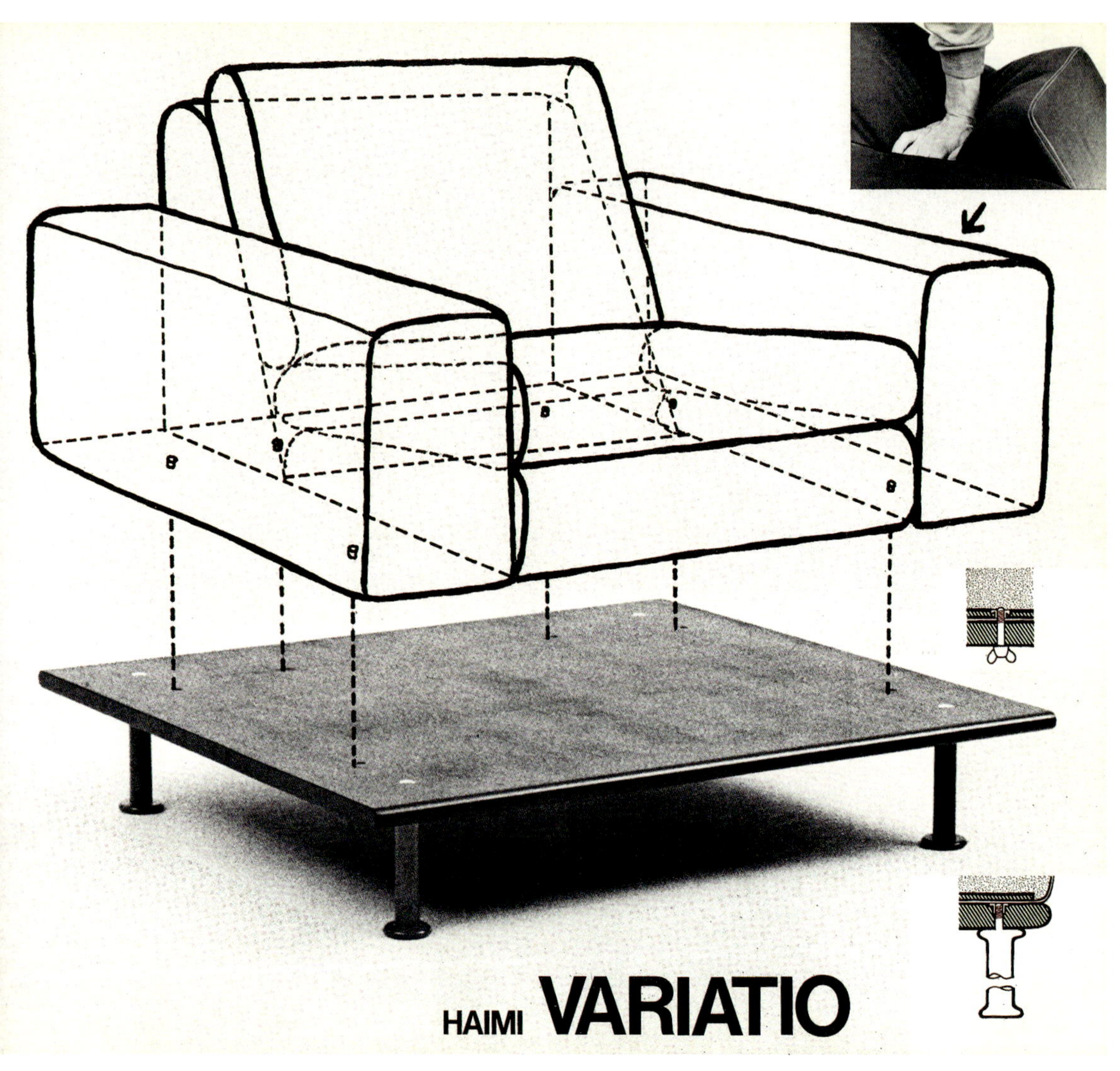

↑
安泰（Atelje）椅的简化“青年”版变体的爆炸视图。泡沫塑料垫直接固定在胶合板框架上

→
这是一张罕见的风格化家具产品目录照片。置入家用物品，使照片有一种真实感。注意啤酒瓶、布劳恩（Braun）旅行收音机和爱立信电话。1967 年

en el Instituto T. Di Tella Florida 936 Bs. As.

库卡波罗的家兼工作室。这里就像芬兰谚语常说的，一个受宠爱的孩子会有很多爱称。建筑的屋顶是一个由浇筑混凝土制成的单一结构。墙壁不需要任何支撑物

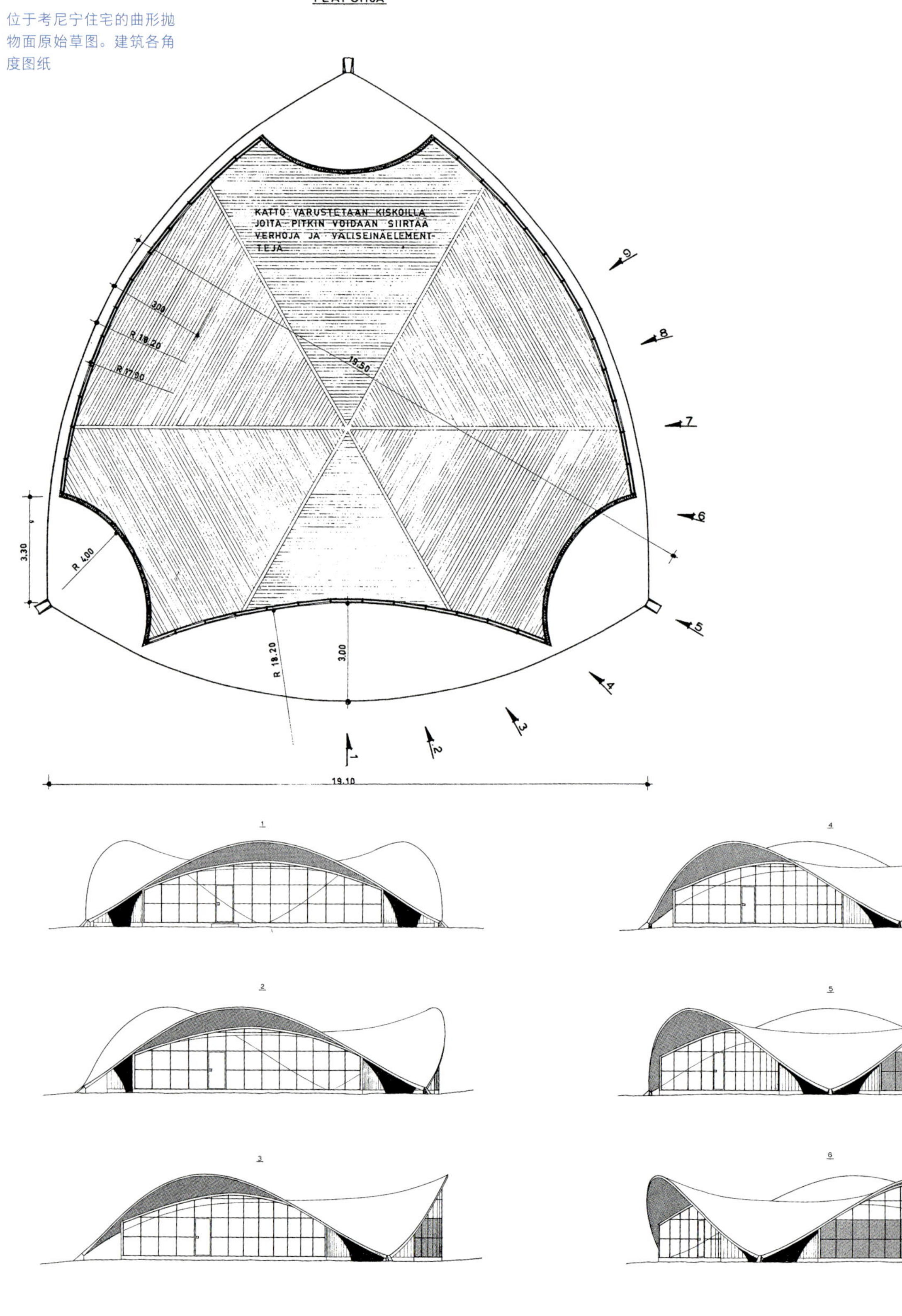

位于考尼宁住宅的曲形抛物面原始草图。建筑各角度图纸

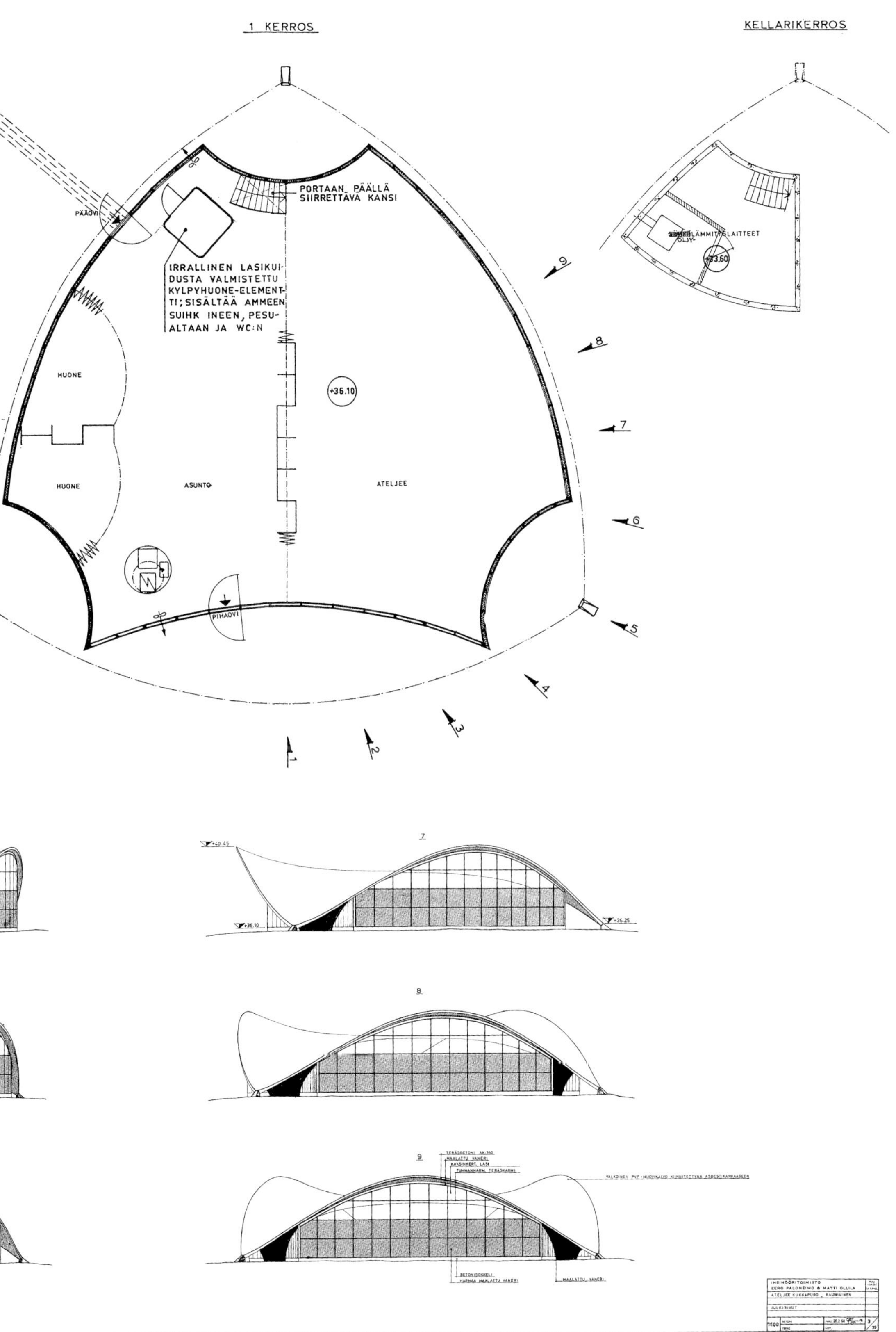

1 KERROS
KELLARIKERROS
PORTAAN PÄÄLLÄ SIIRRETTÄVÄ KANSI
PÄÄOVI
IRRALLINEN LASIKUIDUSTA VALMISTETTU KYLPYHUONE-ELEMENTTI; SISÄLTÄÄ AMMEEN SUIHKINEEN, PESUALTAAN JA WC:N
HUONE
HUONE
ASUNTO
ATELJEE
+36.10
PIHAOVI
ÖLJY-LÄMMITYSLAITTEET
+33,60
1
2
3
4
5
6
7
8
9
7
+40.45
+36.10
+36.25
8
9
TERÄSBETONI AK-350
MAALATTU VANERI
KAKSINKERT. LASI
TUMMANHARM. TERÄSKARMI
VALKOINEN PVF-MUOVIKALVO KIINNITETTYNÄ ASBESTIKANKAASEEN
BETONISOKKELI
HARMAA MAALATTU VANERI
MAALATTU VANERI
INSINÖÖRITOIMISTO
EERO PALONHEIMO & MATTI OLLILA
ATELJEE KUKKAPURO, KAUNIAINEN
JULKISIVUT
1:100
BETONI
TERÄS
HYV.
3/38

在工作室，光线随着季节而变化。夏天的窗外树叶形成了一道绿色的墙

←
皮诺在20世纪70年代住在考尼宁时，为了消磨时间，在沙发上绘制的一幅风景画

↓
圆形的玻璃纤维圆筒是厕所和淋浴设施。它们是由改良的AIV钙塑储物罐制成的

VASARELY

海米团队在工作室拍摄产品照片，团队成员工作到很晚。照片中：伊尔梅丽，米科・劳西（Mikko Raussi）和奥维・格鲁恩・海米尔塔（Ove Grune Haimilta），摄影师汉努・希斯克（Hannu Hyrske），以及约里奥的助手威廉・克里格斯曼（Willem Krijgsman）。西班牙猎犬纳萨（Nasa）在桌子下面。照片摄于1970 年

约里奥试图为工作室里的家人创造一个温馨的圣诞氛围。精灵帽是用现代非织造布料制成的。约里奥自己制作了烛台。餐桌是由胶合板组装而成，上面铺了一块玛丽梅科（Marimekko）蜡布。照片中是伊萨和伊尔梅丽以及她的亲戚们——她的父母赫尔米（Helmi）和玛蒂（Matti），她的妹妹艾琳（Irene），还有她的嫂子索伊丽（Soili）。照片摄于 1972 年

↓
约里奥在工作室花园里与波兰助手彼得・乌巴诺维奇（Peter Urbanowicz）一起享用工作午餐。桌布是伊萨的巴勒斯坦围巾，餐点是酪乳和豌豆汤

→
彼得・乌巴诺维奇在工作坊中制作测试椅模型

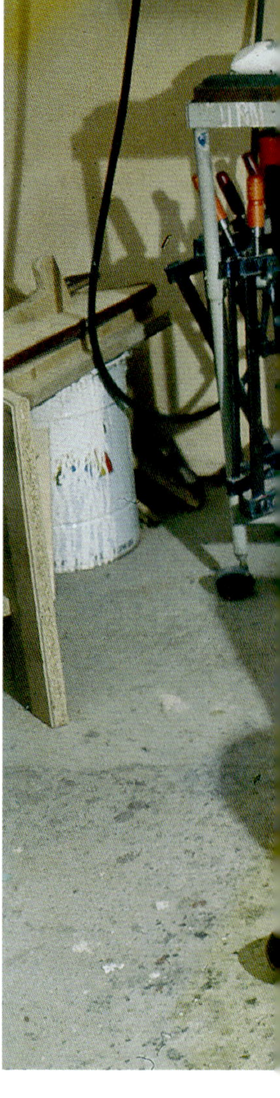

←
伊尔梅丽享受着夏日的草莓。她的职业生涯在 20 世纪 80 年代初期随着她的水彩画图形而起飞。当她的孙子在 1986 年出生时，她成了大家的 Maamo

↓
约里奥陪伴孙女伊达玩耍时画的图画

约里奥的生动表达方式和讲话风格吸引了听众和摄影师的目光。他习惯用手势讲话，这是他卡累利阿人的风格

→
照片中的丰思奥（Fysio）
椅适合不同身高的每个人

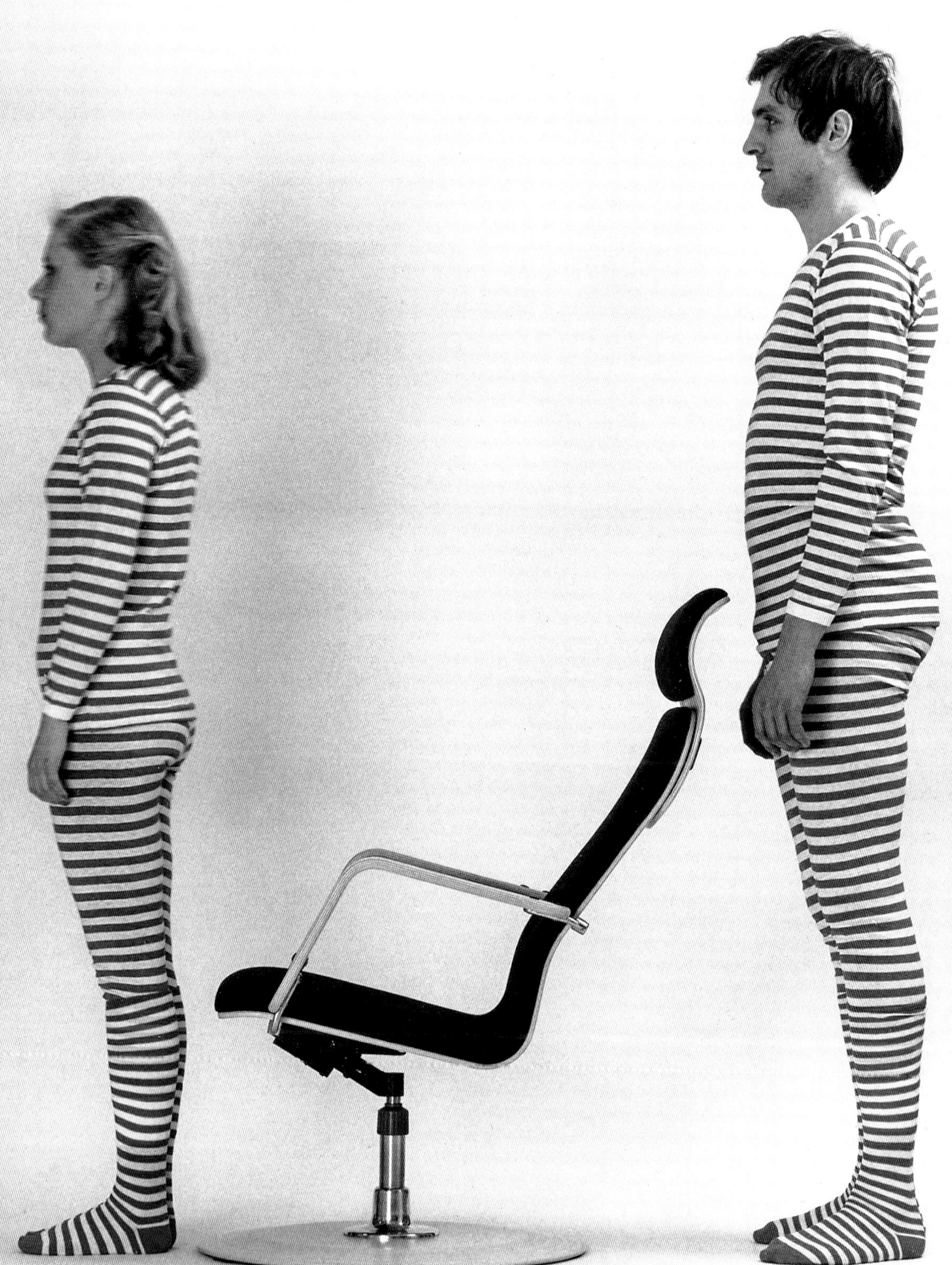

↓
约里奥尝试使用测试椅检测他新模型的比例

→
在 20 世纪 70 年代，约里奥专注于一种极致的现代主义机械浪漫风格

从一开始，校长的角色就让约里奥感到沉重。可以看到约里奥脸上透出的压力

A-500 系列为约里奥的工作带回了色彩的点缀。三种不同的高度选择使得这个系列成为公共空间座椅的热门选择

约里奥为赫尔辛基艺术与设计学院设计的一把椅子。约里奥将这件后现代风格的弯曲胶合板椅子设计得可以使用多年。由于这款椅子非常坚固，很快就被人们戏称为“库卡波罗的复仇”

库卡波罗亲自建造了他们位于奥里韦西（Orivesi）湖边的小屋，家人帮忙搭建框架。即使是木板，也是冬天他们在自己的地块上锯好的。当时的助手，瑞士人卢迪·默茨（Rudi Merz），协助完成了这个项目，并引入了阿尔卑斯山小木屋风格。照片拍摄于 1975 年

↓
1980 年，后现代风格和色彩闯入了约里奥的设计中。尽管如此，他从未在人体工程学上妥协。1983 年，皮尔维的姐妹椅——维诺椅开发面世

→
赛可思椅的设计基于色彩之间的相互作用

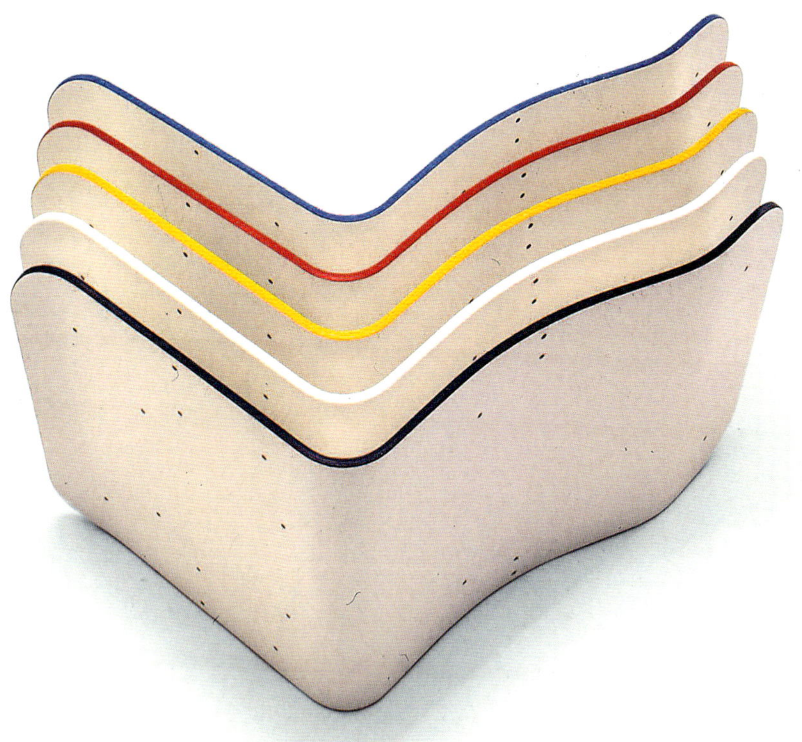

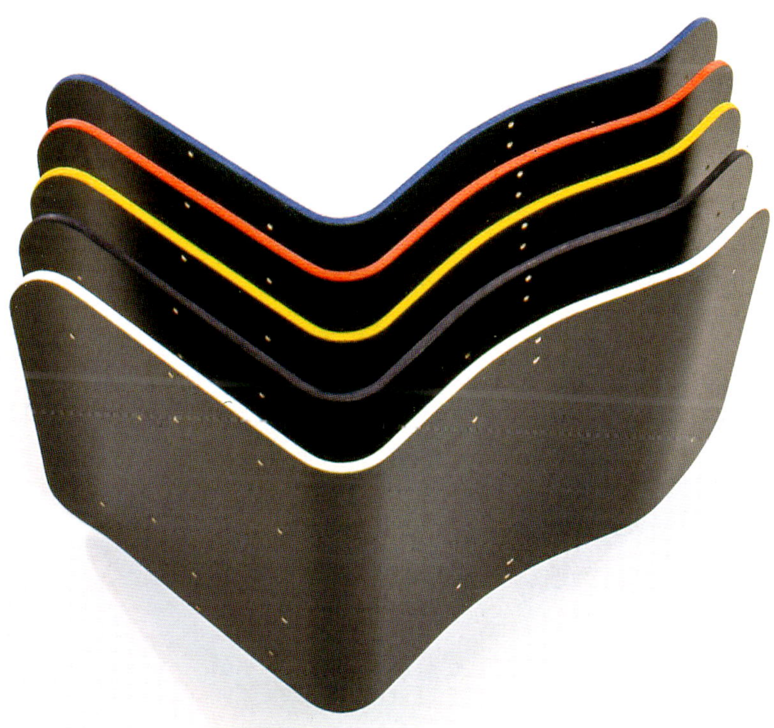

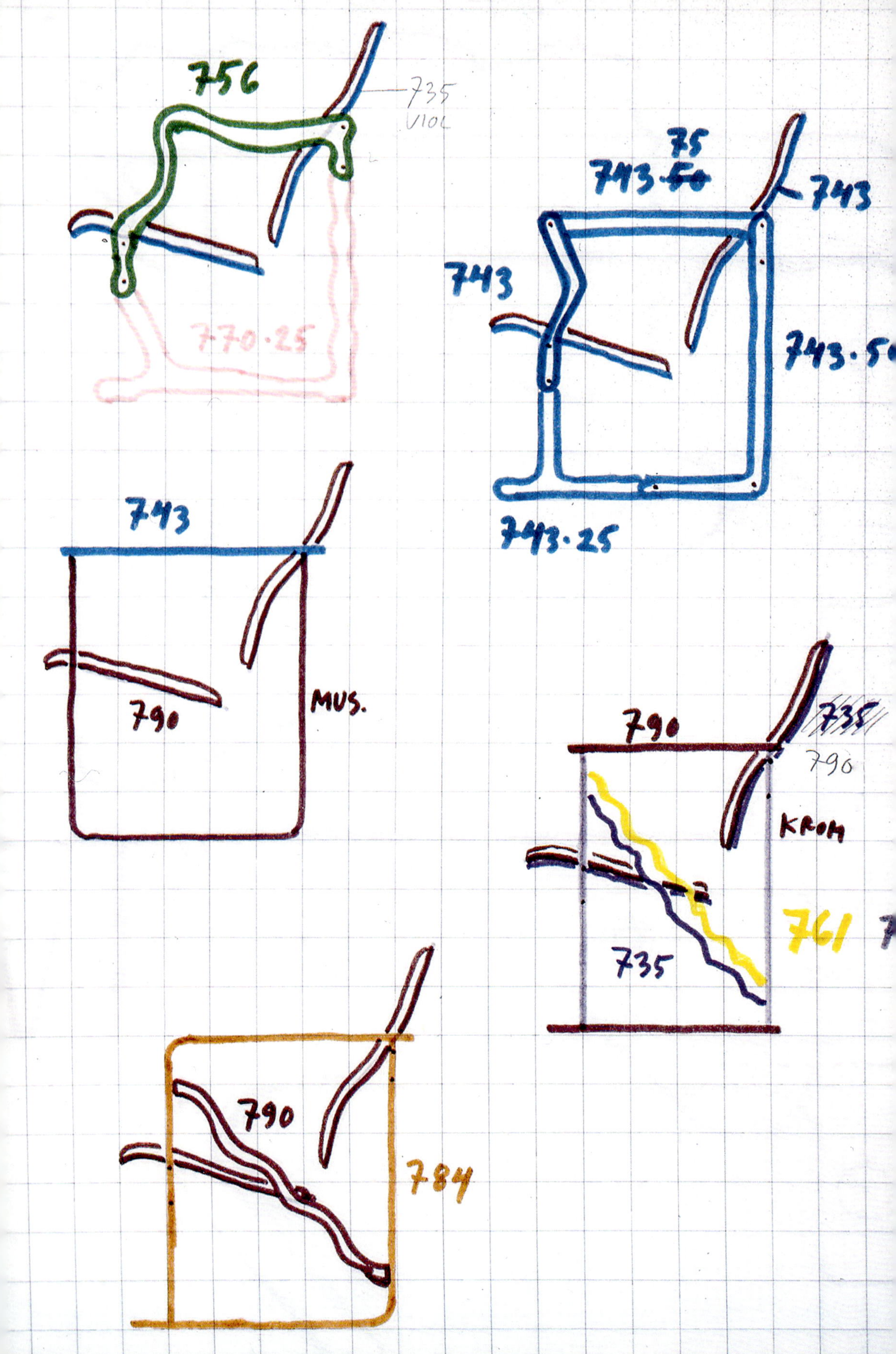
756
735
VIOL
770·25
75
743·50
743
743
743·50
743·25
743
790
MUS.
790
735
790
KROM
761
735
790
784

←
约里奥连续几周绘制的草图。不同寻常的是，在制作原型之前，他先绘制了后现代感的模型

→
最终的后现代系列被称为“实验”

↓
在艺术家尤卡·马克拉（Jukka Mäkelä）的工作室中拍摄实验作品

拉赫蒂市（Lahti）剧院的
皮尔维（Pilvi）椅子

→
约里奥为拉赫蒂市（Lahti）剧院设计的皮尔维椅由建筑师佩卡·萨米宁（Pekka Salminen）委托设计

↓
约里奥在设计皮尔维（Pilvi）椅

←
约里奥在 20 世纪 90 年代初期发展了他的“梦幻空间”概念，结合了色彩和光线。这些展览在全欧洲巡展

↓
20 世纪 90 年代初期的阿旺特商店。变奏（Variatio）沙发有着后现代风格的外观

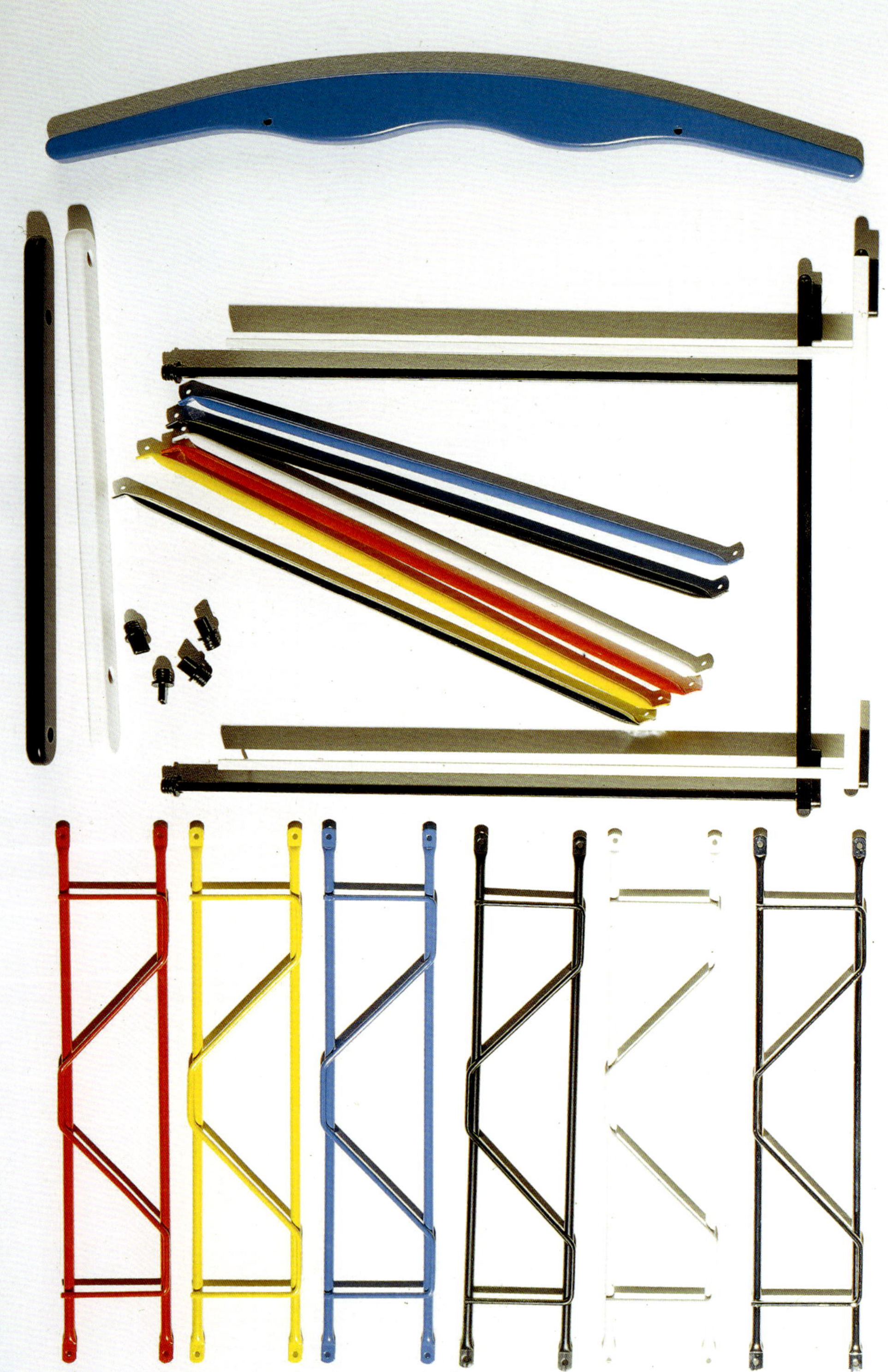

约里奥的设计核心原则是模块化结构和可持续的技术解决方案。约里奥钟爱可附加组件，这些组件是在赫尔辛基的小工作坊手工制作的

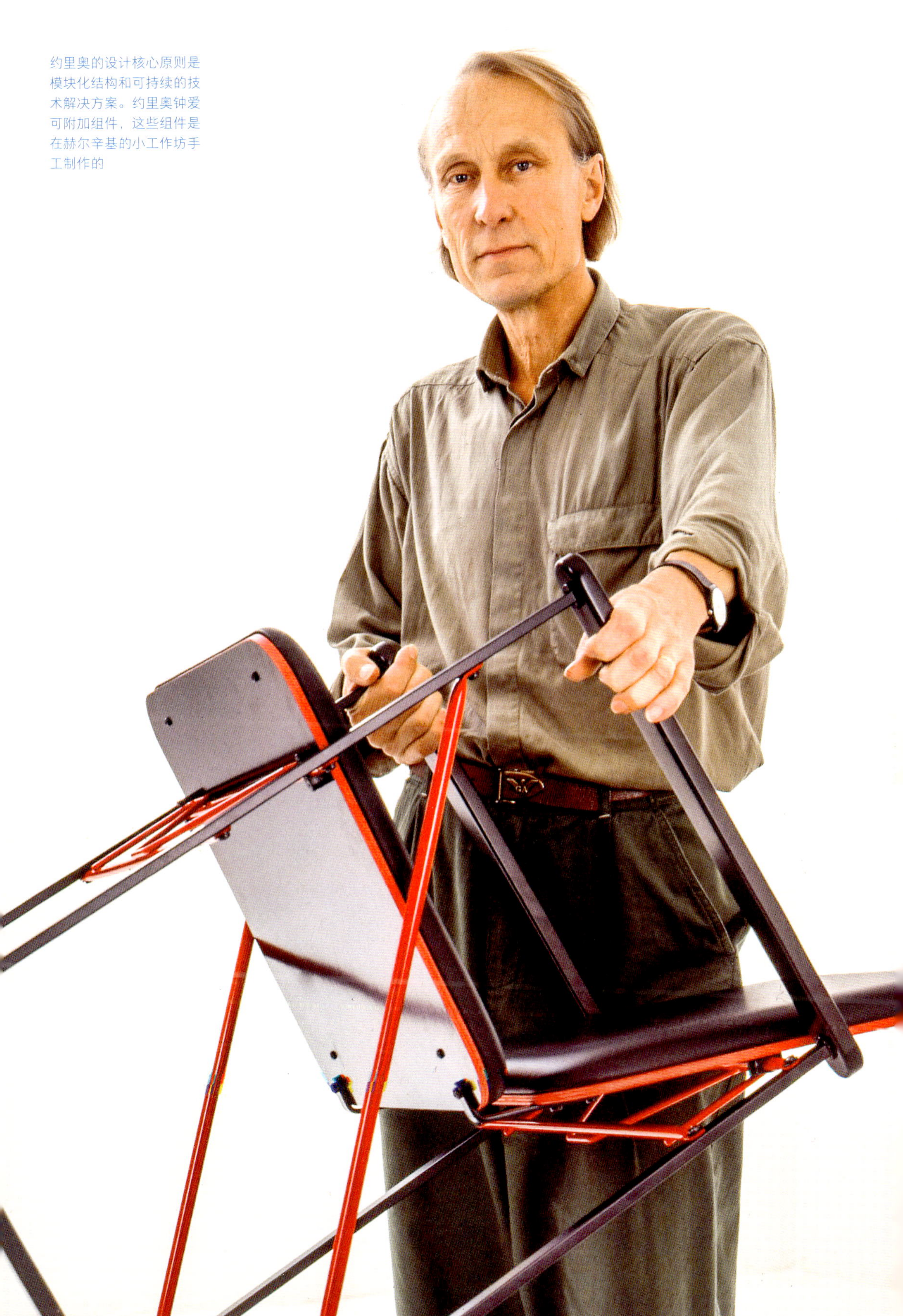

约里奥谦逊本性的隐藏一面在于他全身心投入事物。1986 年，他受邀成为《形象》杂志“老龄化未来”一期的封面模特。同时，杂志上还刊登了一篇文章，是他为《芬兰画报》（Suomen Kuvalehti）撰写的“小男孩的学校作业”，描述了一个反乌托邦的未来。约里奥打扮成年老朋克的形象，仿佛粘在了他的电脑屏幕上。照片由斯蒂芬·布雷默（Stephan Bremer）拍摄，化妆由艺术家里斯托·海基海默（Risto Heikinheimo）完成，服装由伊萨挑选

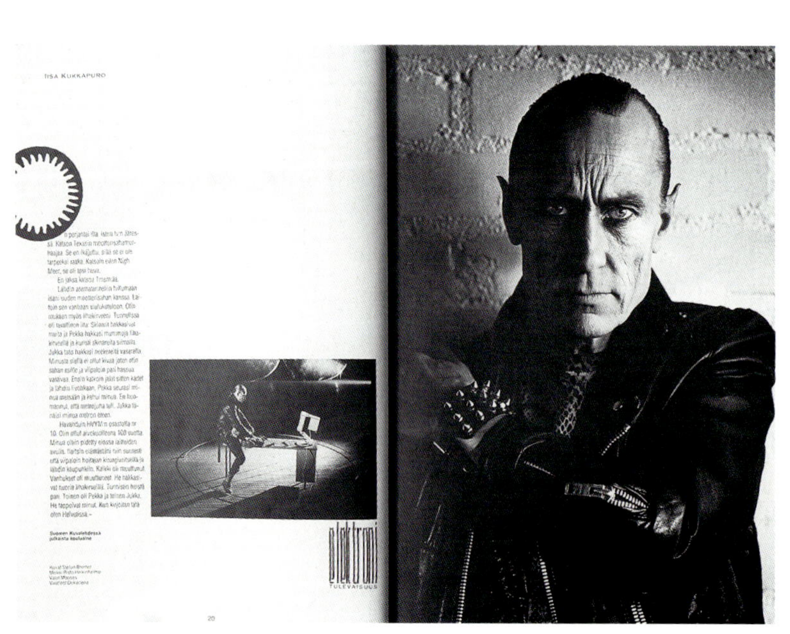

托奈特（Thonet）周年纪念椅。它将后现代雕塑风格与管状框架和座椅元素的奇特平板包装设计相结合。1989 年

↓
礼堂内部空间。礼堂建于 20 世纪 80—90 年代，约里奥进行了内部设计

→
丰托思（Funktus）椅的有趣圆润细节使其与赛可思（Sirkus）椅区分开来。后现代主义风格逐步退居次位

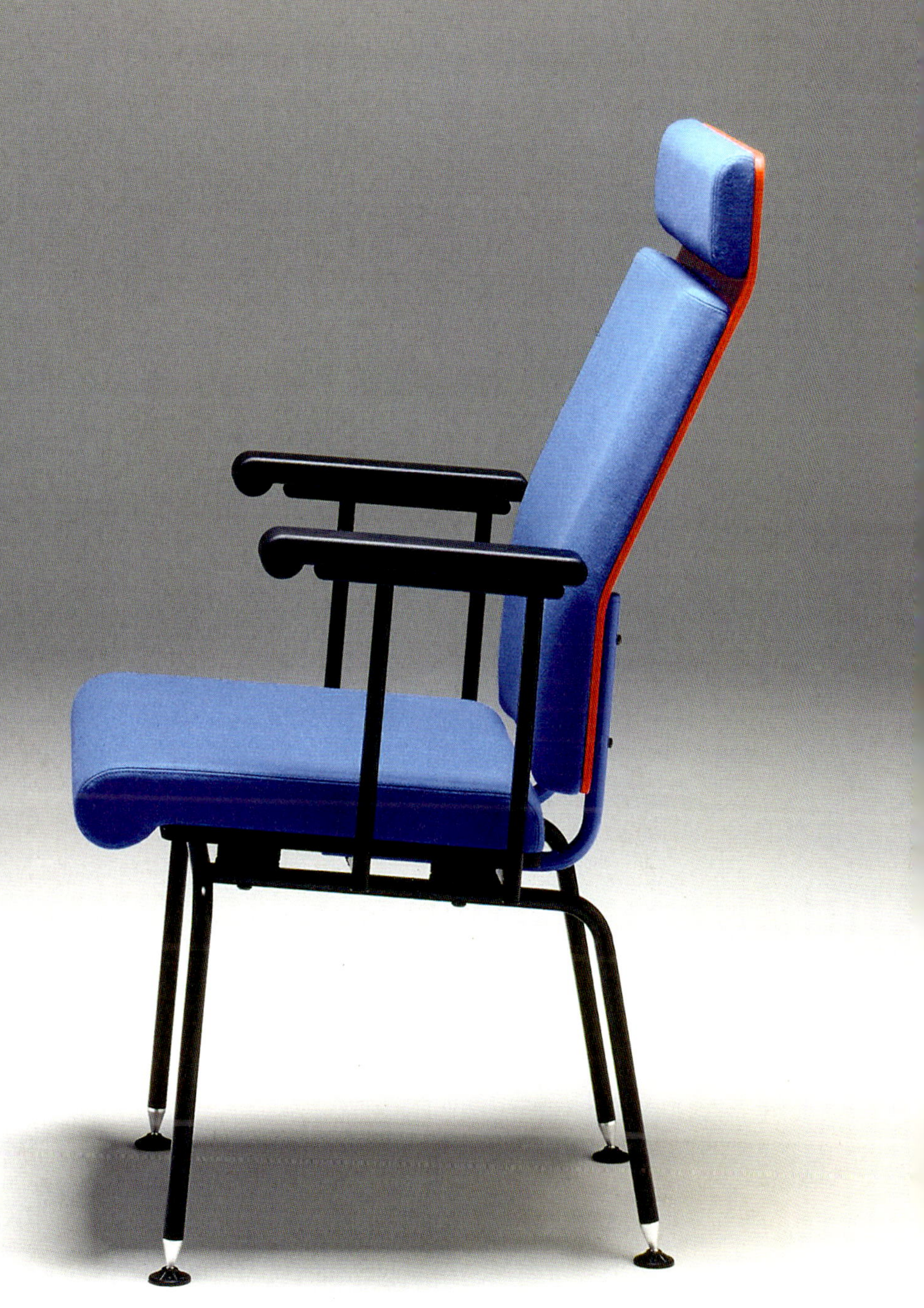

丰托思（Funktus）座椅安装在新勃兰登堡音乐厅中，该音乐厅建在一座中世纪教堂的比萨克（PESARK）废墟上。建筑师佩卡·萨米宁的事务所赢得了国际竞赛。约里奥本人认为这是他最好的礼堂项目之一。正如他所看到的：“那离上帝最近的地方，我将永远无法到达。”

→
阿诺斯（Alnus）休闲椅，1995 年。约里奥想要尝试使用桤木，因为生态理念对他来说变得越来越重要。椅子的名字来源于树的拉丁名——阿诺斯。约里奥认为，在木材工业中，被视为废材的桤木可以在精细加工后使用

ALNUS POSTER
MODEL 4

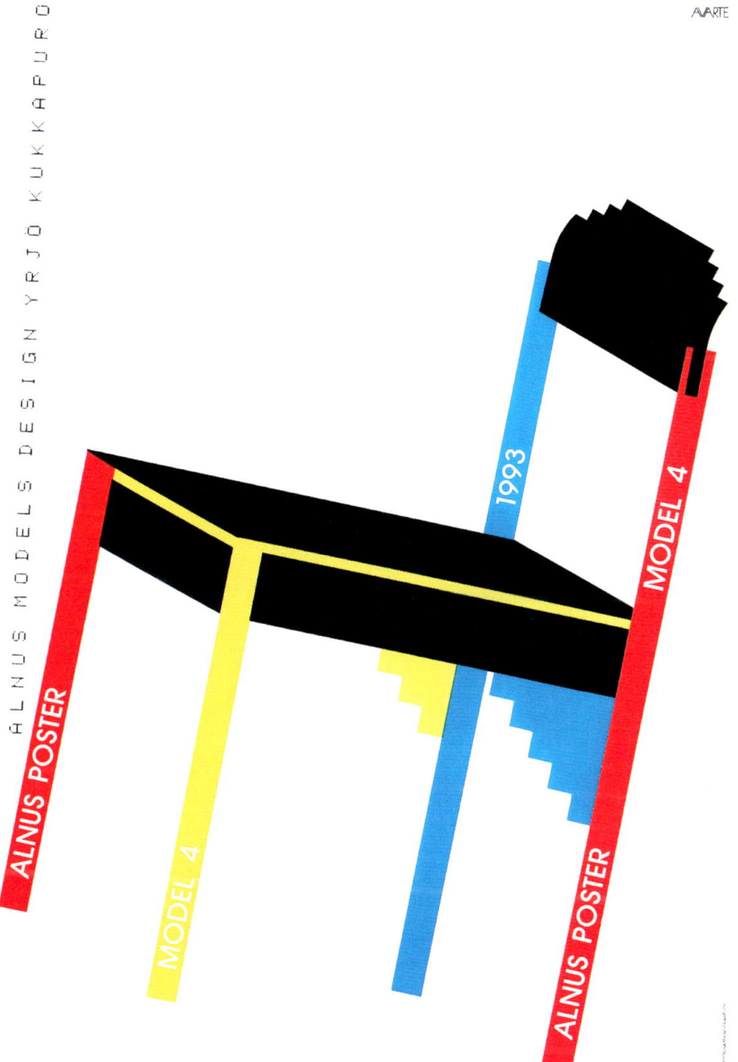

平面设计师塔帕尼·阿托曼（Tapani Aartomaan）于 1993 年为其与库卡波罗共同举办的展览设计了海报。约里奥根据海报设计制作了模型。这把椅子由科文兰塔（Korvenranta）木工店生产。照片：克里斯蒂安·雅科夫列夫（Christian Jakowleff）

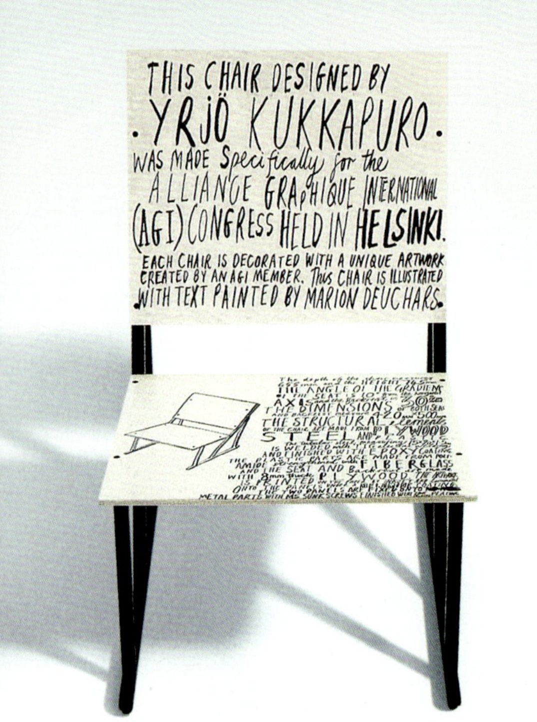

THIS CHAIR DESIGNED BY
. YRJÖ KUKKAPURO .
WAS MADE Specifically for the
ALLIANCE GRAPHIQUE INTERNATIONAL
(AGI) CONGRESS HELD IN HELSINKI.
EACH CHAIR IS DECORATED WITH A UNIQUE ARTWORK
CREATED BY AN AGI MEMBER. THIS CHAIR IS ILLUSTRATED
WITH TEXT PAINTED BY MARION DEUCHARS.

AGI
CHAIR
BOOK
FINLAND 2003

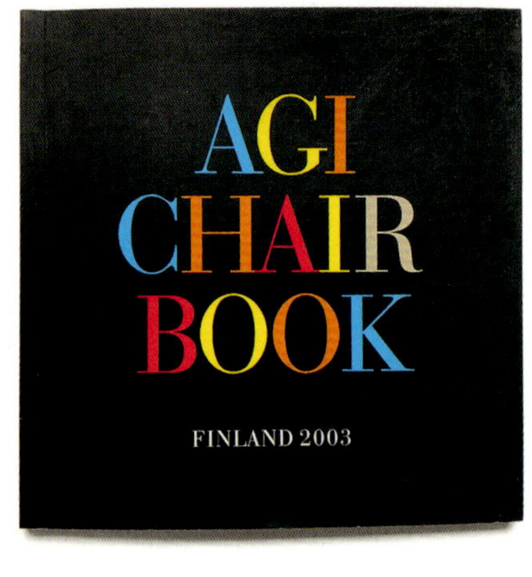

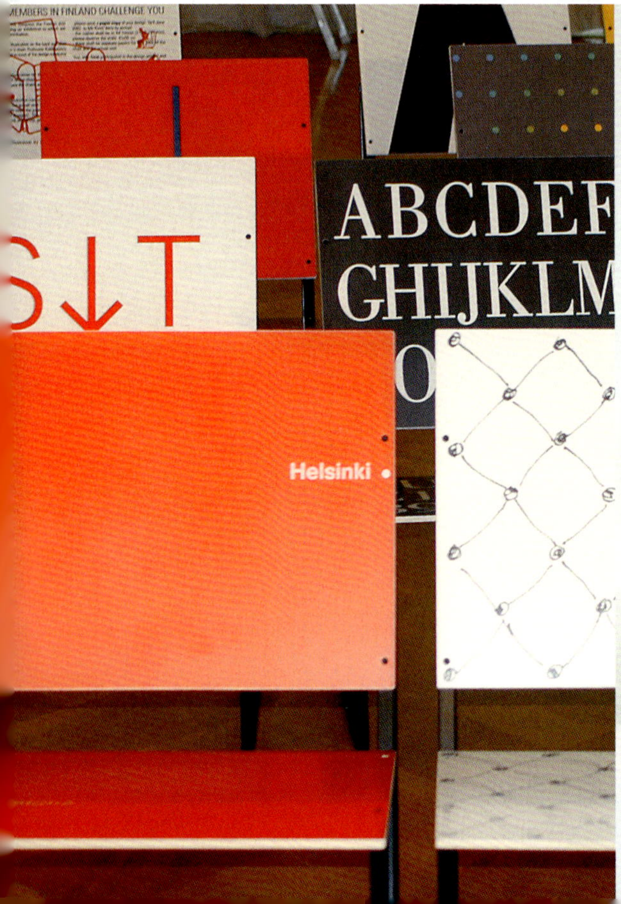
ABCDEF
GHIJKLM
Helsinki

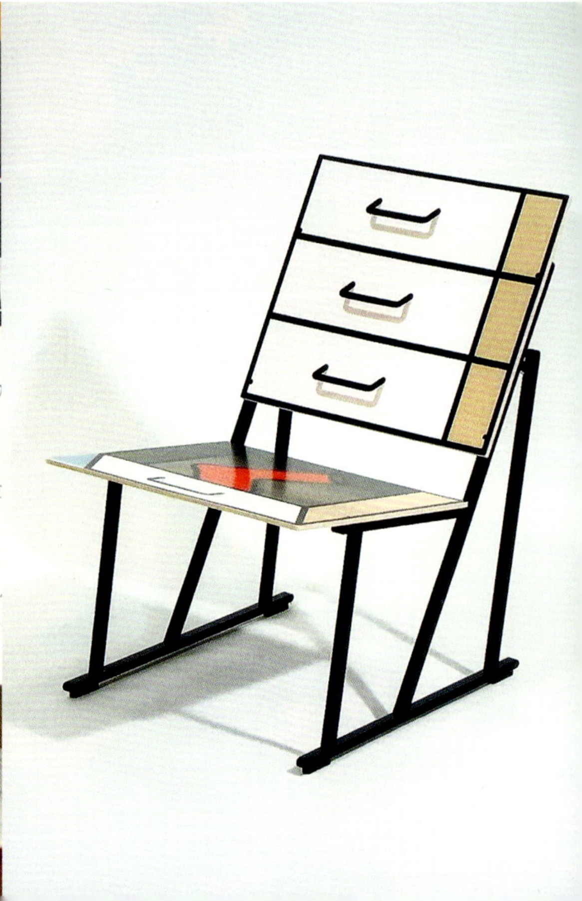

AGI 主席座椅是一个为国际平面设计师协会设计的白板，会员们可以在上面设计自己的作品

→

约里奥在冬天散步时，发现了一根红色冰球棍的杆子。他想到可以将其用在他的内诺宁（Nelonen）椅子上。约里奥从冰球棍制造商那里得到了泰坦椅子的红色标识使用权

←
日本环境艺术家和雕塑家新宫晋（Susumu Shingu）在20世纪90年代为约里奥家室外设计的固定不锈钢雕塑

→
森林中的三件大师作品。约里奥的镜面椅子、卡里·胡塔莫（Kari Huhtamo）的作品《无尽》，以及新宫晋的风雕塑

图腾椅是用桦木胶合板制成的简单层压椅的通用名称。表面耐用、卫生，可以印上任何图像或设计

塔帕尼·阿托曼（Tapani Aartomaan）和约里奥受委托为赫尔辛基万塔机场的新到达大厅设计家具。主题是：芬兰——自然与森林之国

osef Hoffmann Michael Thone
es Rennie Mackintosh Eliel Saa
enry van de Velde Walter Grop
cel Breuer Mart Stam Le Corb
nk Lloyd Wright Mies van der R
te Perriand Gerrit Rietveld Al
o Ponti Werner West Florence K
Bruno Mathsson Eero Saarine
Harry Bertoia Ilmari Tapiovaa
s Eames Hans J. Wegner Nann

为芬兰工业艺术博物馆（现为设计博物馆）的礼堂和讲解员设计的椅子。椅子的背面印有著名设计师库卡波罗的名字

A ROAD TO CHINA

中国之路

约里奥正在研究一些竹椅工艺

初入中国

1997年盛夏时节，约里奥正置身于赫尔辛基皮拉贾马基（Pihlajamäki）大街的阿旺特工厂车间之中。此时，一位工作人员前来询问他，是否能在百忙之中抽空会见一位特意前来拜访的中国人。尽管约里奥手头工作繁忙，但他不愿辜负远道而来客人的盛情，于是礼貌地请对方扶住木板边缘，以便他继续手中的锯木工作。在紧张而有序的劳作间隙，两人开始了简短的交谈。这位访客名为方海，是赫尔辛基艺术与设计大学（现为阿尔托大学艺术设计与建筑学院）在读博士，攻读设计学专业，其研究主题聚焦于“现代西方家具设计中的中国主义”。约里奥对此新颖且引人入胜的话题产生了浓厚兴趣，随即诚邀方海前往考尼宁他的工作室进行深入交流与探讨。正值此时，约里奥忙于为住宅楼安装新型炉灶与烟囱的繁琐工作，边工作边交流，为两人提供了难得的机会，以便他们更加深入地了解彼此。方海在中国有着丰富而独特的职业生涯经历，其职业道路与其在芬兰相比，展现出截然不同的风貌。恰逢中国改革开放的崭新时期，文化交流的大门正徐徐开启，大学校园内弥漫着创新与文化交融的新气象。凭借家庭与学习生活的双重背景，方海与众多相关领域机构构建了紧密的合作关系。值得一提的是，他的父亲与弟弟妹妹均长期在中国企业工作。此次，他荣幸地被北京大学、南京林业大学等高校聘为客座教授，肩负起了推动设计教育发展的重任，并被寄予厚望，为此前来北欧的大学，诚邀杰出设计大师前往中国，共同推进中欧之间的学术交流。

1997年，方海向约里奥提出了一个前所未有的邀约，诚挚地询问他是否愿意肩负起在中国的教育重任。这段难忘的旅程从北京启程，途经南京，最终抵达广州。

尽管起初约里奥对此感到难以置信，但深思熟虑后，他欣然接受了这一邀请。未曾预料的是，仅短短数月之后，一封盖有鲜红印章的正式邀请函悄然降临在约里奥的邮箱中，德高望重的中国建筑学会室内设计分会会长曾坚先生已安排当时的中央工艺美术学院盛情邀请他作为客座教授去北京讲学。与此同时，位于南京的《室内》杂志社主编杨文嘉先生和位于长沙的中南林业科技大学的胡景初教授也相继邀请库卡波罗夫妇访问他们所在的大学。在次年春意盎然的三月，库卡波罗夫妇踏上了中国的广袤土地。这一时刻，标志着库卡波罗夫妇的中国奇遇之旅正式拉开了帷幕。

好奇心长脸

库卡波罗与伊尔梅丽在1998年明媚的春季首次踏上了长途夜航的旅程，飞往遥远的中国。他们的目的地是北京，这座城市成为他们初次体验中国生活的舞台。即便是在20世纪90年代末，北京依然保留着些许毛泽东时代的印记，让人在感受现代都市的繁华之余，也能瞥见历史的痕迹，而中国改革开放的总设计师邓小平一年多前才去世。

中国正在迈向巨大的技术和经济腾飞。邓小平提出的“不管白猫黑猫，抓住老鼠就是好猫”的原则为与西方人开展史无前例的合作创造了条件。库卡波罗夫妇在1962年的环欧洲之旅中，深刻领悟到了那份宝贵的冒险精神。此次前往中国的旅程中，方海以合作导师兼翻译的身份，发挥了至关重要的作用。随着官方行程的正式启动，他们携手伊尔梅丽，踏上了从北京至南京的火车之旅，接受由南京林业大学教授许柏鸣博士安排的学术讲座。约里奥毅然决然地拒绝了为他安排的特殊待遇，而是选择与普通市民一样，乘坐硬卧夜车。这一举动既是由于当时沟通上的一些障碍，也深刻地彰显了他对深入当地生活体验的热爱与谦逊的品质。这一行为逐渐成为约里奥鲜明的个性标签，他总能在各种正式场合中，强调并展现这种难能可贵的品质。

这位谦逊的教授，拒绝将自己置于显赫地位，却悄然成为约里奥在中国独特形象的标签。

在同一卧铺车厢的温馨氛围中，一位男士用英语分享了他当天正庆祝自己60岁生日的喜悦，并透露了即将返回家乡享受退休生活的计划。这一温馨的场景，不经意间触动了约里奥的心弦，让他恍然惊觉当天竟是他65岁的生日！随即，车厢内的乘客们纷纷寻找酒水，共同举杯，为约里奥送上了诚挚的祝福。

约里奥未曾全然察觉，中国这片土地正悄然融入了他的日常生活，成为他生命中不可或缺的一部分。

授权中国与文化交流

有一次，约里奥在南京林业大学的首场讲座圆满结束，主持人张青萍教授请大家提问。在几位林业大学师生的相对学术性的提问之后，一位羞涩的青年鼓起勇气，向约里奥提出了一个大胆的请求——询问他是否愿意向中国授权其产品。约里奥初时并未太过在意，但仍礼貌地致谢并收下了对方的名片。然而，当他回到家中，这一提议却悄然在他心中生根发芽。阿旺特的合作伙伴们敏锐地捕捉到了这一提议背后的巨大商业潜力，他们迅速行动，联系上了上海的这位名叫王五一的年轻企业家。王五一已经成功创立了自己的家具公司，他请许柏鸣教授担任新产品研发顾问，由此对北欧现代家具产生日益浓厚的兴趣，也因此正积极寻求与北欧设计师的合作机会。库卡波罗不仅产品线丰富多样，更是一位备受业界尊敬的教授，自然成为他们心中的理想合作对象。王五一意识到，与库卡波罗的合作将是一次千载难逢的机遇。双方的交流因此变得异常顺畅，合作进程迅速推进。1999 年，首批产品的制造试验便拉开了序幕。自那时起，库卡波罗与王五一先生之间的合作便持续不断，绵延至今。随着合作的深入，业务也迎来了飞速的增长。为了更好地展示库卡波罗的设计理念与产品魅力，王五一先生在上海的工厂内特别设立了库卡波罗博物馆。在中国的项目中，他更是以芬兰样板为灵感源泉，与众多知名建筑师携手合作，共同打造了一系列既具国际视野又不失本土特色的佳作。

王五一先生，这位性格鲜明的商界精英，生于上海弄堂，同时也深谙中国戏曲之美。他以其才思敏捷著称，如同众多白手起家的企业家一般，总能在关键时刻展现出独到的策略眼光与智慧。步入 21 世纪之初，阿旺特（上海）公司在上海松江工业区内成功购得一座工厂，这一举措无疑尽显了其前瞻性的战略眼光。

在这座现代化工厂大楼的侧畔，一条蜿蜒的小运河静静流淌。王五一先生巧妙地利用这一自然资源，在河畔饲养了一群鸡。他经常会亲自前往鸡舍，挑选最新鲜的鸡蛋用于日常饮食。此外，运河中还悠然游弋着鱼儿，为这一片工业区平添了几分生机与和谐。中国人向来热爱制作地道美食，即便身处繁华喧嚣的大都市中，也依然坚守着对美食的执着追求与精湛技艺。以上海为例，这座拥有超过 2400 万人口的国际大都市，其市场规模之庞大，足以与整个北欧地区相媲美。在这样的市场环境里，即便是规模不大的企业，也面临着巨大的生产压力与挑战，因此，实现更大规模的生产成为它们共同的追求与目标。

日益增长的文化合作

在中国，步入新世纪后，所有的公共建筑均采用了现代国际建筑风格的元素，这一趋势促进了与现代家具的紧密搭配。中国建筑师与设计师群体，在与约里奥等国外设计师的合作中，对斯堪的纳维亚设计展现出了浓厚的欣赏之情。这种跨文化的交融，为佩卡·萨米宁通过约里奥的引荐，在中国公共建设领域铺就了一条发展之路。萨米宁的 PES 建筑师事务所已在上海设立办公室，并通过方海的引荐，与中国著名建筑师薄曦创办的联创国际建筑设计公司展开深入合作，随后成功地在中国各地设计了一系列举足轻重的公共项目。

朱小杰邀请库卡波罗、伊尔梅丽、方海考察南溪江民居

与方海的合作得以自然延续，这得益于他在讲座中展现出的卓越专业水平和流畅的翻译技巧，备受青睐。与此同时，方海自己的家具设计也受到了约里奥的赞许。方海在中国的学术同行们，如清华大学的周浩明教授、南京林业大学的许柏鸣教授和张青萍教授等，也都与约里奥展开了更多合作。如今，方海已是中国设计学领域的著名教授，并著有三十余部关于芬兰建筑与设计领域的权威书籍。2021 年，他所指导的第 31 篇博士论文在中国成功发表，深入探讨了库卡波罗的设计理念与哲学思想。方海教授在中国推广芬兰文化的力度之大，无人能及，他无疑是一位杰出的文化大使。2016 年，他与周浩明教授共同荣获芬兰“狮子骑士一级勋章”，这一荣誉彰显了他们在促进中芬文化交流方面的卓越贡献。多年来，方海教授不仅自己频繁往来于中芬两国之间，还携家人一同体验芬兰文化，成为两国间交流与生活的桥梁。

在现代化工厂的侧畔
一条小运河旁，
王五一先生养着鸡。
鸡舍提供新鲜的
鸡蛋用于日常饮食。

方海的好友，来自上海的杰出建筑师薄曦，同样对欧洲设计情有独钟。他在个人工作室中精心搜集了众多珍贵的收藏品。在这些藏品中，库卡波罗的作品尤为引人注目，占据了独一无二的地位。

印师傅

在 1998 年的无锡讲学之旅中，约里奥及其同行有机会前往邻近的灵山大佛，这座高达 88 米的佛教铜像，以其雄伟之姿闻名遐迩。然而，约里奥却因长时间的游览而倍感疲惫，心中生出对木匠作坊的向往。他刚沉浸于明代古典家具的雅致之中，迫切渴望亲眼见证中国现代木匠的精湛技艺。约里奥已深刻领悟到，在中国，技艺的传承与重复练习被视为手工艺的核心要义。西方所谓的“复制”，在这里则被赋予了更深层的含义——对大师作品的模仿，实则是对前辈匠人无尽的敬仰与尊崇。

幸运的是，随行的年轻学者周浩明教授，其家族中恰有一位在附近乡镇经营着木工作坊的叔叔。得知此讯，约里奥毫不犹豫地放弃了继续参观佛像的计划，转而踏上了前往木工作坊的旅程。对于约里奥而言，这次探访无疑是一次极为宝贵的经历。在作坊内，他目睹了工匠们如何运用传统工具——那些精致的凿子与刻刀，精心雕琢着装饰物、细腻的浮雕以及复杂的榫卯结构。每一道工序都透露出对传统技艺的坚守与传承，这让约里奥深刻感受到了这份古老手艺所蕴含的无尽魅力与生命力。

来自无锡江阴的资深传统木工技艺大师印洪强师傅，其年岁较约里奥年轻十五岁。尽管双方言语不通，但两人之间却似乎有着一种难以言喻的默契，能够心领神会。约里奥特意亲手绘制了一系列设计草图，而印师傅则凭借这些草图，巧妙地将自己的独特风格融入其中，打造出许多别具一格的椅子样品。

逐渐地，他们的合作步伐日益加快。印师傅原本采用传统的热带雨林硬木，但这些木材在斯堪的纳维亚地区已被列为濒危物种，导致西方建筑师们不愿使用此类家具，以免损害设计作品的声誉。印师傅对此变化最初感到难以理解，因为这类木材在中国已有数千年的使用历史。为了应对新的材料挑战，约里奥努力在中国寻找替代的生态木材，如俄罗斯柳木，并进行了测试。然而，这种木材颜色独特，使用上也存在一定难度。为此，约里奥、方海与印师傅携手组建了一个设计团队。库卡波罗与方海则开始深入探索符合可持续发展标准的材料。

竹子

库卡波罗在印洪强工作室与工人们合影

在当时南京林业大学木材工业学院院长王厚立教授的鼎力支持下，他们成功获取了所需的生态材料。王厚立教授此时正主导由联合国教科文组织发起的一项创新项目，该项目聚焦于在中国与印度的设计领域内，探索竹子的新型应用方式与社会化使用潜力。此项目预计成果斐然，不仅将编纂出版一部专著，还将设计与制作出一套独具特色的家具系列。那么，库卡波罗与方海两位专家，是否愿意携手该项目，共同分享宝贵的专业知识与经验呢？答案无疑是肯定的。库卡波罗荣幸地被委任为该项目的首席设计顾问。值得一提的是，南京林业大学内设有一流的竹子研究所，由已故张齐生院士领衔指导。这里培育着多样化的竹子品种，并设有供研究用的试点林地。亲临此地探索这些竹子的奥秘，对库卡波罗而言无疑是一段令人难以忘怀的宝贵经历。

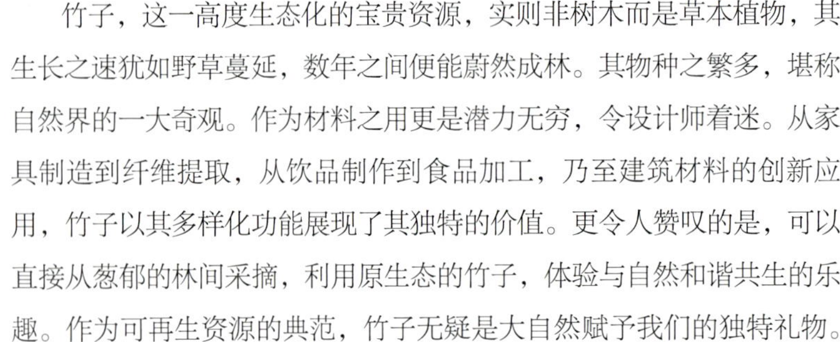

竹子，这一高度生态化的宝贵资源，实则非树木而是草本植物，其生长之速犹如野草蔓延，数年之间便能蔚然成林。其物种之繁多，堪称自然界的一大奇观。作为材料之用更是潜力无穷，令设计师着迷。从家具制造到纤维提取，从饮品制作到食品加工，乃至建筑材料的创新应用，竹子以其多样化功能展现了其独特的价值。更令人赞叹的是，可以直接从葱郁的林间采摘，利用原生态的竹子，体验与自然和谐共生的乐趣。作为可再生资源的典范，竹子无疑是大自然赋予我们的独特礼物。

竹子可以用来制作
家具、纤维制品、饮料、食品
和建筑材料，
而且可以直接从竹林中
采摘并使用它。
作为一种可再生资源，
竹子有独一无二的特性。

然而，提及熊猫，却不禁让人陷入深思：这一珍稀动物，以竹子为食，却自身也面临着生存的挑战，成为濒危物种的代表，这无疑是自然界中一个引人深思的悖论。

南京林业大学项目的研究核心聚焦于增进工匠们的发展机遇，同步探索竹材料在工业领域的现代化应用潜力。在20世纪的最后两年，王厚立院长和张青萍教授陪同库卡波罗和方海去中国著名的竹乡安吉考察竹林和竹材博物馆，以及竹产品加工厂。其中最重要的就是参观一处专注于竹地板、胶合板及大型构件生产的工厂，即杭州大庄竹业集团，并由此结识了中国著名竹材专家林海先生。此番考察中，竹材经巧妙地转化为条板形式，有效缓解了作为设计师的库卡波罗长期以来因“钓竿美学”[1]而感到的困扰。尽管为竹材寻找创新应用途径充满挑战，尤其是将其融入建构主义与工业设计领域，但项目团队历经多次尝试后，终于迎来了突破性进展。2002年，一系列精心设计的竹制品正式面世。这一系列产品的显著特点在于其所有组件均采用平坦且窄长的设计，不仅便于组装与拆卸，还实现了高效的空间利用与紧凑包装。在运输过程中，这些组件可灵活组合，进一步压缩体积，完美契合了联合国教科文组织代表所倡导的环保与效率理念。无锡的印洪强师傅被赋予重任，负责打造库卡波罗与方海合作的专属系列作品。起初，他对采用竹木材料持保留态度，认为这超出了他的传统技艺范畴。然而，随着时间的推移，绿色与低成本原材料的理念逐渐深入其心，他开始对竹材产生了浓厚兴趣。不过，印师傅也意识到，与竹木的合作并不能完全展现他作为雕刻大师的独门技艺，因为竹材的质地与木材大相径庭，其纤维状结构坚硬且不易雕琢，反而更适合构建稳固的结构框架。

约里奥敏锐地发现了竹材与桦木之间微妙的相似之处。在竹林深处，那轻柔细腻的窸窣声，巧妙地编织出一种与桦树林沙沙声相呼应的宁静氛围，两者颇为类似。此外，桦木不仅以其独特的韵味引人入胜，更在实用价值上展现出多样性。其内蕴含丰富的营养树液，经过转化成木糖醇这一天然甜味剂，为人们的饮食生活增添了一份纯净与健康。在传统生活中，桦木更是占据了重要的一席之地，芬兰人利用桦树皮编织篮子的技艺，既展现了他们的智慧与巧手，也传承了古老的文化传统。

竹椅，2002年

[1] 指构件如钓鱼竿一般细长、精致、坚挺，是一种审美追求。约里奥·库卡波罗很多家具设计作品均有此特征。——编者注。

同时，桦木作为房屋隔热材料的卓越性能，更是体现了其在实用性与环保性方面的双重优势。

中国印象

中国和芬兰之间确实存在着显著的文化差异。为了跨越这一鸿沟，以人为本和开放的心态成为至关重要的理解桥梁，前提是双方都怀有共同的愿望。稍显遗憾的是，约里奥在多年的时光里，其语言技能并未见显著提升，这使得他在中国的日常交流中，不得不高度依赖合作伙伴的友善援助。在闲暇之余，约里奥只能通过简单的手势来购买水果等日常用品，这无疑是他适应异国环境的一种独特方式。在中国，讨价还价不仅是去市场摊位或小店购物时的一种乐趣，更是交易过程中不可或缺的一部分。鉴于欧元与人民币之间存在着显著的汇率差异，精心计算价格对于避免不必要的经济损失显得尤为重要。有趣的是，约里奥在讨价还价方面竟也声名远扬。有一次，在市场购买一把小竹凳时，他面对一欧元的标价非但没有轻易妥协，反而坚持要支付一个令人意外的价格——两倍于标价。这一举动无疑为他的异国生活增添了几分传奇色彩。

对于那个时代的国外来访者而言，另一项普遍难以适应的便是中国酒店床铺普遍偏硬的特征。一般而言，当时国内酒店的档次越高，其客房内的床铺往往也越为坚硬。相比之下，当时中国旅行者在国外的体验则截然相反。例如，有位前往赫尔辛基旅行的朋友就曾提及，由于酒店的床铺过于柔软，他不得不选择睡在地板上，以寻求更舒适的休息环境。

随着时间的推移，有“东方巴黎”之称的上海，已渐渐成为约里奥在中国的常住之地。数年间，他经常下榻于南京路这条繁华购物街上的某家酒店。这家酒店虽不显山露水，却独具特色，由中国本土人士经营，并未依附于任何大型国际连锁酒店集团，这对于约里奥而言，显得尤为珍贵。酒店的床铺略显硬，仅有一层薄布轻覆于胶合板之上，但这份简朴之中，或许正蕴含着别样的中国生活体验。

幸运的是，马路对面恰好有一家专营家纺与床垫的店铺。约里奥亲力亲为，选购了一款泡沫床垫，巧妙地解决了自己与伊尔梅丽的睡眠困扰。他习惯将床垫留在酒店，未作更多说明。

后来，约里奥还找到了他在上海造访期间视为“第二个家”的酒

约里奥在中国
因讨价还价时
提高购买价格而出名。
在市场上购买一个小竹凳时，
他拒绝支付一欧元的要价，
而是坚持支付双倍价格。

店——东湖饭店。该饭店坐落于历史悠久的原法租界区域的中心地带，紧邻各大主干道，精心地围合在一座昔日的私人花园之中，完全符合库卡波罗夫妇的品位。床铺按照西方人的喜好精心打造，而建筑本身则保持着典雅的四层楼高。宾客们可沿着蜿蜒的木质楼梯漫步至早餐厅，享受悠闲的用餐时光。东湖饭店不仅设施完备，还拥有游泳池等休闲设施，周边更是餐饮、理发、咖啡与购物的天堂，各式店铺林立。在约里奥频繁造访中国的日子里，有位身材高大、仪态庄重的白发老者常于饭店门前乞讨，约里奥总是慷慨解囊，两人间逐渐萌生了微妙的情谊与理解。

尤为值得一提的是，上海博物馆近在咫尺，步行即可轻松抵达，成为约里奥几乎每次旅行必访的文化胜地。他深知，中国的文化历史源远流长，与芬兰截然不同，其深厚底蕴可追溯至五千年前。上海博物馆中，一把明代制造的优雅椅子尤为吸引约里奥的目光，成为他最钟爱的博物馆展品。他深知，要真正了解中国这个庞大的国家，首先要从承认自己的无知开始。

约里奥在中国的最后几年，大部分时间都沉浸于讲学与度假之中。在上海，他仿佛从芬兰那偶尔略显黯淡的日常中穿越而出，踏入了一个五彩斑斓的梦幻世界。在这片土地上，他深切感受到自己如同一位备受瞩目与热烈欢迎的贵客。街头巷尾，随风轻摆的红灯笼与墙上悬挂的巨幅海报，无一不是专为他而设，这些都悄然间增强了约里奥的自信。然而，回到家中，他不免生出几分作为设计师的冗余之感。

中国社会在过去几十年间经历了迅猛的发展与变革。技术层面取得了举世瞩目的飞跃，而与此同时，欧洲却似乎以一种相对缓慢的步伐奋力前行。其间涌现的某些现象，初看之下或显得难以捉摸与接纳，但若以龙偶尔摇尾之姿作喻，或许便能增添几分理解与包容。提及约里奥，这位与中国结下不解之缘的友人，在1997—2018年，他累计到访中国40余次。这期间，中国正如一条沉睡中的巨龙，静默中蕴含着无尽的魅力与可能，成为约里奥眼中一位既神秘有趣又内涵丰富的伙伴。阿旺特（上海）公司的王五一先生，作为中外家具联系的引领者，致力于将芬兰的精髓——设计与建筑文化，引入这片古老的土地。他更是身体力行，亲自率领团队拜访约里奥，共谋合作之道。于工作室中举办的设计师聚会，氛围热烈而和谐，巨幅的中国丝绸画作为背景，默默见证着芬兰与中国之间文化交流的活跃。然而，随着政治气候的微妙变化，东北亚区域间的互动与联系不可避免地遭遇了一定的阻碍与缩减。尽管如此，在中国这片热土上，交流与合作的步伐并未停歇，电子邮件依旧在两国间频繁穿梭，传递着知识与友谊的火花。全球化的大潮虽波涛汹涌，却悄然间转向本土化的细流。在这股力量的推动下，中国正以前所未有的姿态，与世界各国携手共进，共同书写着人类文明的新篇章。

库卡波罗与方海、印洪强研究椅子，伊尔梅丽在旁边看报纸

约里奥在中国担任了多个角色：设计师、教师、教授和游客。他到访之地，总是受到同样的热烈欢迎

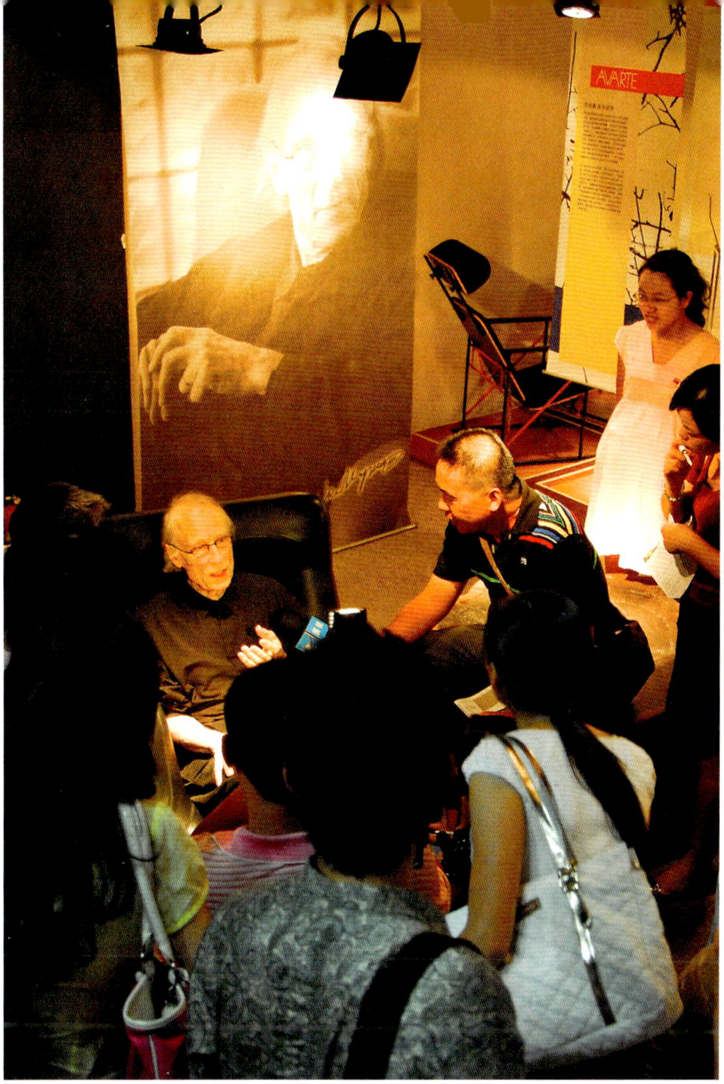
AVARTE

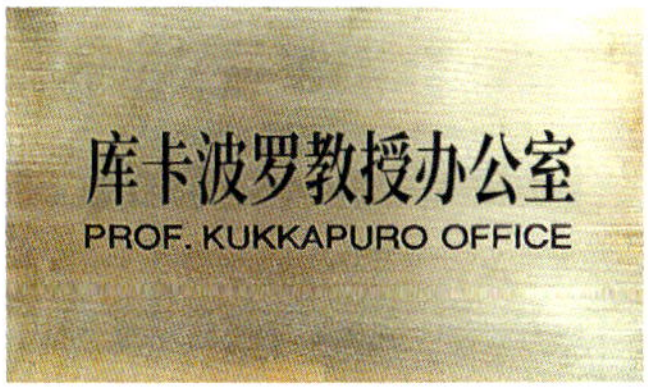
库卡波罗教授办公室
PROF. KUKKAPURO OFFICE

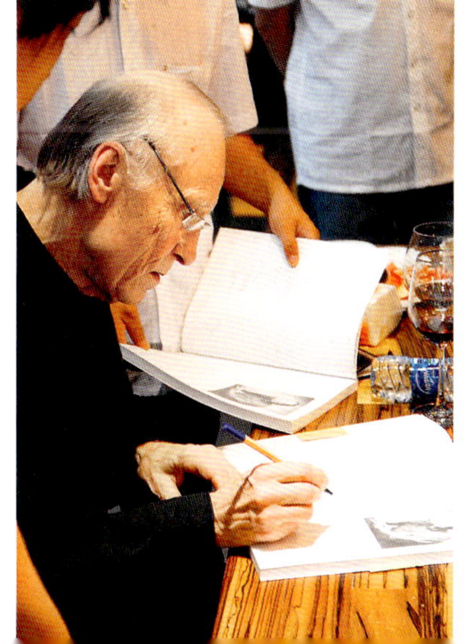

“东西方系列”家具，库卡波罗与中国设计师方海合作设计，使用了中国木材。椅子由中国大师级木匠印洪强制作

↑
“竹子系列”是由竹板制成的，这非常适合库卡波罗的极简主义设计语言。印洪强大师尝试了色彩材料样板

→
一片巨大的竹林。这种竹子（毛竹）一年能长高 5 米，如果不加以利用就会枯萎。竹子不是树，而是一种草本植物，用途广泛：可以食用，自然状态即可使用，也可作为脚手架。竹子还可以用来制作布料和镶木地板

深圳家具研发院主楼梯

深圳家具研发院

库卡波罗和方海自 1998 年起就被深圳家具协会邀请担任深圳—香港国际家具展的评委，并从此与深圳建立了密切联系。2002 年初，时任协会会长的黄伟业先生和秘书长侯克鹏先生邀请建筑师方海设计深圳家具协会和深圳家具研发院的办公楼，同时请库卡波罗与方海一道完成该建筑的室内、家具、灯具及相关景观的一体化设计。令人更加高兴的是，约里奥的老朋友许柏鸣教授受邀担任深圳家具研发院的院长。负责具体工作的侯克鹏秘书长和李蜀副院长非常信任方海和库卡波罗带有强烈北欧风格的设计，不仅请他们全权确定室内和家具、灯具的设计与制作，而且请杭州大庄竹业集团的林海先生担任竹家具和室内外产品的技术指导，从而使这座建筑成为中国乃至全世界最早在室内和家具设计中全方位使用合成竹材的设计作品。

当建筑竣工时，侯克鹏秘书长决定请芬兰著名建筑摄影大师尤西·蒂艾宁（Jussi Tiainen）先生专程来深圳拍摄。尤西对陪同他参观深圳新建筑的洪小惠副秘书长说："在深圳这样一座全新的城市看到芬兰设计师的作品，感觉如梦幻一样。"2004 年 8 月，这座建筑举行了盛大的开业典礼，约里奥、伊尔梅丽和方海成为这个典礼的主要嘉宾，他们在李蜀副院长的关照下参观了竣工后的深圳家具研发院办公楼，对中国的建筑施工速度和家具制作质量都表示满意。2024 年 10 月，已经从北京大学退休并担任中国美术学院特聘教授的方海又一次来到深圳家具研发院，见到现任会长侯克鹏、现任秘书长洪小惠和刘丽娜，更与老友许柏鸣院长深入交流，结果发现 20 年后的这座建筑依然保持着优雅而舒适的设计质量。远在赫尔辛基的 92 岁高龄的库卡波罗对此感到由衷的高兴。

↑
深圳家具研发院内院入口夜景

↑
深圳家具研发院大堂内景

→
深圳家具研发院二楼景观

→
深圳家具研发院从二楼看大堂

THE TEACHER & HIS STUDENTS

老师和他的学生

约里奥在教课中

约里奥和他的学生

才华横溢的设计师们与约里奥携手，在阿旺特工作室及其私人创作工作室中共创辉煌。国际助手们在此期间，深刻领悟了库卡波罗对细节一丝不苟的执着追求。随着时间的推移，他们无一不成长为各自领域内备受敬仰的专业精英。其中，瑞士籍的卢迪·默茨尤为引人注目，他不仅技艺高超，作为木工与设计师的双重身份更是让他在芬兰这片土地上深深扎根。波兰出生的彼得·乌尔巴纳维茨（Pjotr Urbanowicz），则将目光投向了自己的祖国，致力于工业设计的探索与创新。荷兰艺术家威廉·克里格斯曼（Willem Krijgsman）则在视觉艺术的殿堂中找到了自己的位置，成为一位杰出的视觉艺术家。瑞典设计师吉尔·伊瓦尔松（Kjell Ivarsson）则因与约里奥在20世纪90年代共同设计的"三角桌（Triangle）"而名声大噪，这一作品不仅展现了两人卓越的设计才华，更成为设计界的一段佳话。

在阿旺特，才华横溢的雅科·雷曼（Jarkko Reiman）倾心参与了办公家具的精心策划与设计。贾里·贾斯克莱宁（Jari Jääskeläinen），作为丰托思系列早期版本的杰出贡献者，如今已蜕变成为业界备受瞩目的礼堂家具制造巨匠与成功商人。与此同时，家具设计界的璀璨明星米科·帕卡宁（Mikko Paakkanen）正担任阿尔托大学的教职，致力于培养并塑造新一代设计领域的精英人才。作为导师，约里奥完全有理由为他的学子们感到骄傲与自豪。

约翰娜·沃里奥（Johanna Vuorio），作为一名赫尔辛基理工大学机械木材技术专业的学生，曾在阿旺特公司工作。这段从1998年开始的宝贵工作经历为她日后在阿旺特公司的职业生涯奠定了坚实的基础。约翰娜深情地回忆起约里奥，称他在多个方面都是一位极具启发性的导师。约里奥的教学方法独特，他巧妙地将实际操作与对工艺、美学及功能的深刻理解相融合，令人受益匪浅。在约翰娜眼中，约里奥不仅是公司事业的开拓者，更是平等领导理念的典范。他是慈父般的导师，为约翰娜树立了专业研究的榜样，而她则以作为其教诲的杰出传承者而自豪。在阿旺特公司勤勉工作了10年后，约翰娜于2008年做出了新的职业选择，她离开了阿旺特公司，转而接手了由卡里·维尔塔宁（Kari Virtanen）创立的传统精细木工企业——尼卡里公司（Nikari Oy），并担任首席执行官至今。在她的带领下，尼卡里公司已在国际舞台上赢得了极高的声誉。

作为一名教师，约里奥始终热衷于分享自己的知识和经验。在赫尔辛基艺术与设计大学，他不仅传授知识，还慷慨地为学生们提供椅子零件，以便他们在工作室中自由创作。因此，学生们的练习作品很快就展现出了与老师相似的风格与韵味。

约里奥从不嫉妒学生的成就，但他坚决反对直接抄袭的行为，尤其是当这种行为涉及商业领域，而非同事间偶然得出的相似结论。在他的整个职业生涯中，约里奥始终坚守原则，从未陷入过任何版权纠纷。

边做边学

在教学中，约里奥强调实用性和对制造技术的了解。在他自己的设计过程中，他通过学习生产方法解决了许多技术问题。

图案层压产生了各种可能性，激发了图腾和图形椅的设计灵感。

在拉赫蒂的科文兰塔（Korvenranta）木工厂中，约里奥首次看到计算机控制的木材加工。在 20 世纪末，该工厂购置了一台数控（计算机数控）机床。约里奥受到其图案和机械性能的启发。约里奥一直通过技术应对当今的挑战。在他看来，机器人技术已在木工行业立足。这不仅仅带来了经济效益，也为新的美学方向提供了可能。每一种技术都在设计中创造新的视觉表达。

库卡波罗对手工制品怀有深深的喜好。自幼年起，他便怀揣着成为雕塑家的梦想，这份热情源自对雕刻时身体动作的痴迷。约里奥从小擅长自制石膏相框，他细心模仿书中所见的金色装饰相框。这不仅是对经典的致敬，更在无形中展现了他的艺术触觉，尽管当时或许并未带有明确的艺术目的。而库卡波罗亲手雕刻的某些木质形象，则无疑透露出他在艺术领域的远大抱负。

建筑师椅 YKA1（Architecture YKA1），2011 年

步入设计学校的大门后，库卡波罗更加深刻体会到自己工匠背景的宝贵价值。他精通缝纫、雕刻、绘画、油画以及石膏铸造等多项技艺，但在这众多技能之中，木工始终是他最为擅长的领域之一。

尤尔瓦（Jurva）地区特色和尼卡里（Nikari）公司

卡里・维尔塔宁（Kari Virtanen），这位曾在西纳约基（Seinäjoki）

库卡波罗日常
酷爱手工制作的物件。
当他还是个小男孩时，
他就梦想成为一名雕塑家，
这源自他痴迷于雕刻时的
动作感觉。

北部耕耘的设计师，于 1996 年南下至费斯卡（Fiskars），携手卢迪·默茨，共启新篇。这一变动令约里奥备感欣喜。与此同时，库卡波罗也在博滕（Ostrobothnia）地区，积极推动了手工艺艺术的繁荣。

约翰娜·沃里奥从阿旺特公司转至尼卡里公司，无疑为双方的合作注入了新的活力，使其更加稳固。2011 年，约里奥与卡里联手打造了一把名为“建筑师椅 YKA1（Architecture YKA1）”的椅子，其设计完美诠释了斯堪的纳维亚极简主义的精髓，每一处细节都经过精心雕琢，展现出无与伦比的精致与纯粹。

贾科·普塔宁（Jaakko Purtanen）致力于守护尤尔瓦（Jurva）的博滕百年装饰雕刻传统，他成功游说各方签署协议，确保这一传统技艺的传承与培训得以延续。约里奥则构思了一系列创新模型，旨在将这一古典风格融入现代设计之中。他对于后现代主义与传统装饰雕刻的巧妙融合充满憧憬，然而这一构想无论是在尤尔瓦的土壤上，还是在印洪强师傅等匠人的精湛技艺下，都未能如愿实现。最终，约里奥在科文兰塔（Korvenranta）的细木工工厂内，利用 CNC 数控机械技术打造出了一把名为“罗科科”（Rokoko）的椅子。这把椅子的腿部设计巧妙地借鉴了装饰家具的风格元素，成为新时代背景下的一次独特尝试。于是，随着这把椅子的诞生，一个新的千年也悄然拉开了序幕。

←
约里奥在讲座中。塔皮奥瓦拉的蛋形椅始终伴随着他，即使在生活中也是如此

→
1969 年，约里奥为他自己的工作室设计了 100A 灯具系列。玻璃纤维反射器让人想起工作室的灯光。100 系列在 20 世纪 70 年代由海米公司生产，并在 2022 年重新投入生产

约里奥的极简主义建筑师椅

（Arkitecture）YKA2

千禧年

MILLENNIUM

对于约里奥而言，迎接2000年的到来有着一种令人难以置信，甚至略带未来主义色彩的兴奋感。他比他的父母辈中的任何一位都更为年长，见证了时代的变迁。芬兰已经加入了欧盟的行列，然而，未来的面貌却依然笼罩在一层不确定性中。有人预测世界将在此刻终结，而另一些人则满怀期待地憧憬着太空旅行的未来。然而，当新年的烟火璀璨绽放之后，日常生活却依然如常，继续着它的轨迹。最大的变化，或许只是杂货店里新旧标签的并存，预示着货币变革的临近。

约里奥已将阿旺特的运营重任全权托付给了“小伙子们”，即便他本人作为公司的合伙人之一。在过去的20个春秋中，公司历经风雨，但如今，创始人们正着手进行一场意义重大的权力交接，旨在将接力棒传递给更加年轻、充满活力的一代。与此同时，中国经济的蓬勃发展与全球化的浪潮正携手并进，共同推动着贸易的繁荣与发展。

除了库卡波罗之外，西莫·海基拉与珍妮·奥诺宁（Jenni Oinonen，后更名为罗伊宁，Roininen）同样为公司杰出的设计师。约里奥从未萌生过退休的念头。试问，谁又愿意在年富力强的67岁之际，就选择退出职场舞台呢?

千禧年之际，激发了约里奥对20世纪丰富历程的深刻总结。在这辉煌的一百年里，人类社会实现了从马车到电脑的跨越式发展。即便是在当代，仍有许多动人的故事等待着人们的倾听与传颂。芬兰最长寿者迈雅·罗托维乌斯（Maija Rothovius），其生命之光于2000年6月熄灭，享年112岁。她的人生，始于沙皇亚历山大三世的统治时代，见证了历史的沧桑巨变。

1999年岁末，巴黎卢浮宫盛大举办了一场别开生面的展览，诚邀业界精英担任策展人，精选并展示了他们眼中20世纪最具影响力的99件物品。展品中不乏诸如便利贴、毡尖笔这样的日常用品，勒·柯布西耶设计的经典椅子，还有英戈·毛勒（Ingo Maurer）设计的灯具等。尤为引人注目的是，库卡波罗的卡路赛利椅子作为北欧地区的唯一代表荣耀登场。卡路赛利椅子的入选并非偶然，其背后有特伦斯·康兰爵士（Terence Conran）的慧眼识珠。这无疑是对卡路赛利椅子设计价值的高度认可，也是对其设计师约里奥辛勤努力的肯定。然而，尽管荣誉加身，约里奥并未因此沾沾自喜，更未停下他创作的脚步。他深知灵感的火花需要不断点燃，创作的热情更需持续燃烧。

长椅，玻璃纤维的回归

2000年，一场名为“发现”的重要设计展览系列拉开了帷幕。在这一历史性的时刻，所有欧洲文化之都不分时区，同步举办了各自的展览。参展城市包括赫尔辛基、雷克雅未克、阿维尼翁、卑尔根、博洛尼亚、布鲁塞尔、克拉科夫、布拉格，以及圣地亚哥—德孔波斯特拉。在“发现”展览的各地展示舞台上，约里奥自豪地展示了他精心设计的长椅。他怀揣着对创新的渴望，试图在另一款休息椅上探索玻璃纤维的全新可能性。为此，他精心研制，先制作了一个混凝土测试模型，并依据自己亲身体验背部疼痛的感受，进行了细致入微的设计调整。最终，这款长椅以黑色皮革与白色玻璃纤维的鲜明对比为色彩方案，其座位巧妙地安置在弯曲的管状腿上，展现出独特的艺术魅力。哈里·萨洛宁（Harri Salonen），作为玻璃纤维领域的杰出大师，荣幸地受委托制作了十几把这样的椅子。这些椅子以其精湛的工艺和独特的设计，赢得了广泛的赞誉。“发现”展览在各国均取得了热烈的反响。在冰岛，雷克雅未克博物馆更是表达了强烈的购买意向，希望能将展览中的所有珍贵展品纳入其丰富的收藏之中。而在赫尔辛基，尽管展览在设计博物馆举办，却遭遇了一些批评之声。博物馆的新闻发言人克里斯塔·佩林（Christa Pelin）表示，对于部分观众而言，展品的陈列方式似乎显得有些杂乱无章，如同将展品随意散落在地板上一般。

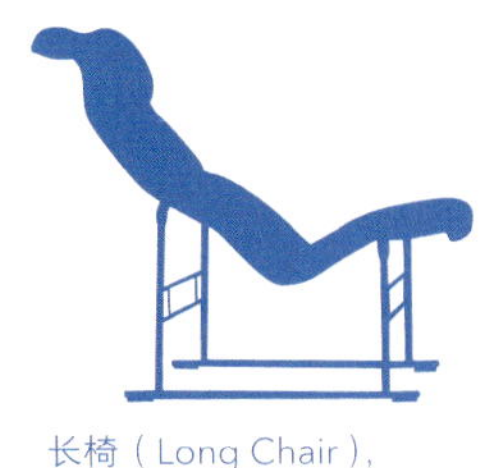
长椅（Long Chair），2000年

电脑取代了绘图板

约里奥怀揣着对新艺术实验的深切渴望，却也不得不直面来自计算机辅助设计领域的压力。如同他这一代多数设计师所经历的，适应并掌握新兴信息技术工具对他而言并非易事。尽管约里奥一生中对相机、技术及机械抱有浓厚兴趣，但在网络空间的广阔天地里，他仍感到自己如同初来乍到，步入了一个全然陌生的领域。为克服这一挑战，约里奥积极寻求解决之道，通过联络得力助手来助力其设计之路的革新。这些助手的专业技能为约里奥开启了全新的设计视角，使他能够以前所未有的方式构想并创造产品。约里奥毅然决然地购入了个人计算机，并幸运地得到了赫尔辛基艺术与设计大学设计专业毕业的玛蒂·坎库宁（Matti Kankkunen）的悉心指导，这使约里奥迅速掌握了计算机在设计领域的

应用方式。玛蒂的加入不仅为约里奥的设计事业注入了新的活力，更成为他的得力助手。两人默契配合，使得约里奥在设计的道路上越走越远。然而，命运似乎总爱与人开玩笑，之前约里奥在协助安装工作室旁住宅楼的玻璃屋顶时，不幸遭遇了意外——沉重的玻璃板滑落，导致他右臂肌腱严重受损。由于救治不及时，肌腱功能受损，约里奥的描绘技巧和精细动作能力大受影响，迫使他不得不开始学习用左手作画。经过漫长而艰辛的物理治疗，约里奥的手部功能虽在一定程度上得到了恢复，但那份曾经熟稔于心的画技却已难以找回。在此情况下，玛蒂与计算机成为约里奥艺术创作中不可或缺的伙伴。他们之间的默契配合，不仅弥补了约里奥身体上的遗憾，更让约里奥的设计事业焕发了新的生机。如今，玛蒂已不仅仅是约里奥的专属设计助手，更是他家庭中不可或缺的一员。

荣誉勋章等

前往中国已成为约里奥日常生活的一部分，鉴于他被两所中国顶尖大学授予荣誉教授头衔，频繁的巡回讲学活动已成为常态。新千年的钟声已敲响，虽表面上看似平静，实则他的日程始终充实而紧凑。

2001 年，约里奥荣幸地受邀参加了赫尔辛基艺术与设计大学举办的荣誉博士学位授予盛典，他与玛丽梅科（Marimekko）品牌的缔造者基尔斯蒂·帕卡宁（Kirsti Paakkanen）以及著名平面设计师埃里克·布鲁恩（Erik Bruun）并肩站立于荣耀的领奖台之上，共同铭记这意义非凡的辉煌瞬间。

日本杰出工业设计师荣久庵宪司（Kenji Ekuan）荣获了备受尊崇的国际荣誉博士学位，其设计杰作——红帽酱油瓶，早已深入人心，广获赞誉。然而，约里奥对于颁奖礼的着装规范却颇感意外，白领结搭配漆皮鞋的装扮，令他直呼难以接受！此外，那顶由知名的瓦尔曼帽店（E. R. Wahlman）独家定制的电光蓝博士帽，更是为整个场景增添了几分戏剧性的色彩。尤为值得一提的是，约里奥与瓦尔曼帽店（由维堡创立）之间，其实早已结下了不解之缘。作为该店的忠实顾客，他与店主莱拉·卡图宁（Laila Karttunen）建立了深厚的友谊，这份渊源为此次颁奖礼增添了几分温馨与趣味。

约里奥对穿着礼服的抵触情绪显得尤为明显，但实际上，沃科的黑色羊毛西装在学术界已然展现出足够的庄重与得体。试想，若连总统都以此装扮示人，对于他们而言，这无疑也是极为合适的选择。然而约里奥最终只能无奈地叹了口气，还是穿上了那双正式的礼鞋。随着荣誉授予典礼逐渐推向高潮，荣誉获得者逐一登台，接受博士学位的授予。这一庄严而神圣的时刻让在场的每一位家人和朋友都深受感动，心潮起伏。然而，不为人知的是，约里奥却偷偷换上了他早已准备好的黑色凉鞋。所幸，他还特意搭配了一双黑袜子，以确保整体造型的和谐，避免突兀之感。

2002 年，英国再次对约里奥的杰出贡献表示了高度认可。创立于 1754 年的皇家艺术学会（RSA）——一个汇聚了全球顶尖艺术家、制作人及交易商的殿堂级组织，向他敞开了荣誉之门。该学会的名誉会员席位珍贵且固定，唯有在旧有成员离世后，方有新成员得以补位。约里奥的名字因此被镌刻于 RSA 神圣大厅的墙壁之上，以金色浮雕的形式，与众多历史上的杰出人士及现任成员并肩闪耀，其中包括卡尔·马克思、大卫·艾登堡爵士、朱迪·丹奇女爵士，以及来自芬兰的杰出设计师沃科·诺米斯奈米（Vuokko Nurmesniemi）。

常伴随的专业级凉鞋

2003 年，约里奥携手沃科·诺米斯奈米及视频艺术领域的杰出代

荣誉授予典礼的高潮是，
荣誉获得者们登台接受他们的
博士学位授予，
这让家人和朋友们倍感骄傲。
而不为人知的是，
约里奥随后就悄悄换上了
他偷偷带进来的黑色凉鞋，
所幸，
他还特意搭配了一双黑色的袜子。

表艾贾·阿提拉（Eija Ahtila），共同荣获了世界文化理事会奖。

2017年，约里奥荣获芬兰文化部颁发的芬兰国家奖，这一盛事在图尔库市举行。当文化部致电约里奥，邀请他出席颁奖典礼的晚宴时，他心中泛起了一丝犹豫。"我在这场晚宴中究竟能担任何种角色？"他暗自思忖，心中不免有些忐忑。"再者，活动的时间确实有些晚。"他略带遗憾地表示。然而，文化部的代表却以诚挚之情劝说他务必出席，并为他精心安排在一家顶级酒店的住宿。事后，约里奥方才领悟到那通电话背后所蕴含的深远意义。

当晚，坐在文化部长桑波·泰尔霍（Sampo Terho）身旁的那张桌子旁，他猛然意识到自己荣获了终身成就奖，此刻若选择中途离席，显然显得不合时宜。伊尔梅丽则全情投入，尽情享受这一美好瞬间。对于获奖，约里奥内心感到一丝异样，他坚信自己的事业尚未圆满，此刻便总结一生的工作似乎为时尚早。然而，作为一名备受尊敬的老师和导师，他将这份荣誉视为对整个设计行业的肯定与认可。

约里奥时常感到自己仿佛游离于生活之外。2013年，导演朱哈·佩卡·普克宁（Juha Pekka Pulkkinen）在约里奥工作室中启动了一部纪录片的拍摄工作。这部由芬兰公共广播公司（Yle）精心制作的影片，不仅详尽描绘了设计师的职业生涯与思想精髓，还巧妙地融入了时代的精神风貌。这部名为《约里奥·库卡波罗与椅子的灵魂对话》的纪录片，历经两年的精心打磨，终于在2015年完成。在普克宁多次深入拍摄并采访约里奥的过程中，约里奥曾无意间提及这一项目，笑言"仿佛一群老顽童偷偷溜进我的工作室，手持摄像机四处探索"。对于这些不速之客的身份及拍摄目的，约里奥起初并没有清晰的认识。幸运的是，普克宁凭借其专业素养与不懈努力，最终成功完成了这部影片的制作。芬兰公共广播公司推出的这部作品，无疑为观众提供了深入洞察库卡波罗设计世界及其辉煌历程的宝贵机会。

奥纳莫（Ornamo），这一汇集了设计师、时装艺术家及室内设计师的殿堂级组织，历史悠久，对约里奥而言，它承载着独特的意义。自1961年起，初出茅庐的他便毅然加入了这个大家庭，与众多创意精英并肩前行。在奥纳莫辉煌的50周年庆典之时，约里奥的身影亦在其中闪耀。转瞬之间，又一个50年悄然逝去，令人惊喜的是，约里奥的名字赫然出现在奥纳莫百年庆典的荣誉会员名单上，这不仅是对他个人设计生涯的极高赞誉，更是对其与奥纳莫深厚情谊及卓越贡献的肯定。

考尼宁小镇的库卡波罗

考尼宁这座小镇始终是约里奥与伊尔梅丽的重要生活地。伊尔梅丽的家族于20世纪40年代末期迁居至此，源于其父母在当时为村落的镇中心区域购得了一块宝贵的地皮。1972年，考尼宁正式由镇升级为市。随着工作室的建立，库卡波罗夫妇迅速成为公众关注的焦点，他们的成就既激发了人们的好奇心，也赢得了当地人的深深敬意。原本这样一个小镇，想要保持低调实属不易，而伊尔梅丽则尤为自豪于自己的本土身份。考尼宁与格兰库拉（Grankulla）在某种意义上可视为完全对等的双语同义词。AB格兰库拉的地名最初确立于1906年，那时此地完全是瑞典语的天下。夏日时节，富有的赫尔辛基居民纷纷迁往此地的别墅避暑，而那些身为银行家与律师的父亲们则乘坐当地火车往返于工作与家庭之间。这座小镇的独特之处在于，即便是考尼宁的“最后一位共产主义者”——一位在20世纪60年代仍活跃于这个专为富商打造的避税天堂的老战士，也操着一口流利的瑞典语。此外，1924年创建的传统工人学院同样坐落于考尼宁。

当大提琴家塞普·卡马宁（Seppo Kimanen）在2010年创立考尼宁音乐节之际，本地文化得以焕发出勃勃生机。作为库莫（Kuhmo）室内乐音乐节的创立者，卡马宁与其小提琴家妻子浅井吉子（Yoshiko Arai）早在20世纪70年代便在巴黎与库卡波罗夫妇结缘。时至2012年，随着赫尔辛基荣获“世界设计之都”的美誉，文化制作人伊达（Ida）提议将他们的工作室对外开放。卡马宁与伊达灵机一动，决定在工作室内举办室内乐音乐会，这一创意迅速演变为一项备受欢迎的年度盛事。工作室内70个座位座无虚席，观众不仅为音乐而来，更渴望一窥工作室内部的独特魅力。然而，随着音乐节氛围的日益浓厚及塞普·卡马宁的退休，这一音乐会活动也遗憾地画上了句号。值得一提的是，伊尔梅丽与约里奥荣获了2011—2012年度考尼宁（格兰库拉）年度公民的殊荣。

17：00，赫尔辛基—上海的航班

在中国，21世纪初期，旅游业迎来了蓬勃发展的黄金时期。伊尔梅丽与约里奥这两位受新兴消费文化深深吸引的旅者，每次都仅携带手提行李便踏上了前往上海的旅程。然而，在满载而归之际，他们不得不为所购的琳琅满目的商品与精心挑选的礼物添置新的行李箱。在上海，他们不仅享受了购物的乐趣，更计划在此地举办一场意义深远、将工作室永久性展示的展览，旨在通过艺术与设计的力量，为这座城市增添一抹独特的文化色彩。同时，他们还积极投身于推动制造业可持续发展的行列之中，协助授权制造商优化生产流程，让环保与效率并驾齐驱。约里奥的心中更是怀揣着一份对工人福祉的深切关怀，他致力于改善工厂工人的工作环境，让这份辛勤与汗水能在更加人性化和舒适的条件下流淌。这份努力，在中国传统的等级观念中，无疑是一份温情的关怀。而谈及中国的快速发展，阿旺特（上海）公司的王五一先生有着切身的体会。他频繁地穿梭于中芬之间，几乎每半年便会对芬兰进行一次访问。然而，每当他重返赫尔辛基，总会对市中心某条街道的“永恒建设”景象感到不解——自上次离别以来，这里似乎从未停止过施工的喧嚣。“在中国，这样的工程建设项目，往往只需两周时间便能焕然一新。”他感慨道。更令王五一先生感到惊奇的是，尽管芬兰的人口规模远不及上海的一个区，但这个小国却以其卓越的设计实力，在全球范围内引领着时尚与潮流的风向标。这种看似矛盾的现象，至今仍让他感到困惑，这也成了他心中一个未解之谜。

我用胶合板作画

在持续更新旧设计、数字化产品技术图纸以及应对繁重例行任务的日子里，玛蒂的电脑技能始终备受需求。与此同时，约里奥则日益专注于艺术构图，更具体地说，“以胶合板为媒介的绘画”，约里奥产生了浓厚的兴趣。他开始更多地因艺术追求而非商业目的制作设计稿的打样模型。约里奥渐渐从与伊尔梅丽的创意对话中汲取灵感，部分原因或许在于岁月的积淀，使得他的视野不再局限于重现多年前的设计，而是寻求新的突破。对他而言，复制或简单重复过去的作品已失去了意义。

2007 年，萨斯有限公司（Saas Oy）向约里奥发出了参加新技术应用探索展览的邀请，这一契机促使他重新回到了灯具设计的领域。

受邀的设计师阵容强大，其中包括米科·帕卡宁（Mikko Paakkanen）、蒂莫·萨利（Timo Salli）、彼得·劳诺（Peter Launo）、维萨·霍科宁（Vesa Honkonen），以及才华横溢的明图·维萨拉（Minttu Vesala）。约里奥携手亨利恩·博姆（Henrik Enbom），精心构思地推出了一款极具未来感的台灯——340Y。该台灯设计精妙，采用半透明有机玻璃精心包裹光源，光源巧妙连接于铝质臂上，稳稳固定于坚固的混凝土底座之上。这款经典之作在 21 世纪的全新诠释下，再次精准捕捉并展现了当代的独特韵味。

340Y 灯具，2009 年

在深入探寻灯具设计与色彩搭配的玄妙之旅中，约里奥内心悄然萌发了一个愿景。他渴望将自己一生创作的精髓荟萃一堂，于一场宏伟的展览中完整呈现。

设计博物馆回顾展

设计博物馆馆长玛丽安·阿夫（Marianne Aav）长期以来对库卡波罗的回顾展抱有浓厚兴趣。尽管约里奥本人对此项目持保留态度，但筹备工作已紧锣密鼓地展开。2006 年，展览日期正式敲定，随之而来的是一系列细致的筹备工作。此次展览自 2008 年 1 月 18 日拉开帷幕，持续至 4 月 6 日，精心挑选的闭幕日期恰逢约里奥的 75 岁生日，为这场展览增添了一抹特别的纪念意义。

为展览准备的书籍相关采访与文章也已完成，现着手进行其图形设计的环节。约里奥亲自操刀，为博物馆楼上的展览空间绘制了平面布局图。为了与展览主题相得益彰，特从中国精选了竹制家具，而科文兰塔的木工工坊则依照约里奥的设计蓝图，精心打造出尺寸为 90 厘米 ×90 厘米的层压板台座，数量多达数百个。至于照明方面，更是别出心裁地选用了约里奥亲自设计的 100A 系列微型灯具模型。这些灯具由他的女婿安排制作而成。值得一提的是，在 2007 年圣诞节期间，伊萨的家庭厨房桌上布满了小型灯具工厂的生产模型，这为展览的顺利进行提供了坚实保障。

旧式家具源自朋友与熟人的慷慨出借。约里奥追求的是家具的真实感，最好能追溯到设计年代的原作。经过一番努力，他从地窖与阁楼中寻得了 20 世纪 50 年代的经典芝麻（Sesam 系列）沙发，还有恩皮姨妈（Impi）曾用作挤奶凳的海鸥椅（Lokki 系列），以及伊萨女儿的小摇椅等众多珍贵家具。这些家具的原型虽已作为礼物赠予友人，但约里奥通过复制并在必要时进行装饰，使其焕发新生，以满足展览的严苛要求。更令人欣喜的是，约里奥甚至在他艺术家朋友工作室的一角，重新找回了自己昔日的卢库椅（Luku 系列）。尽管这一过程耗时且充满挑战，但

“学生们”自愿帮
约里奥处理灯光问题，
于是西莫·海基拉（Simo Heikkilä）教授、
乔科·亚尔维萨洛（Jouko Järvisalo）教授
和卡尔·霍姆伯格（Kaarle Holmberg）教授
摆弄着灯具。

它也带来了无数温馨的重逢与欢乐时光。

约里奥渴望在展览中引入一款前所未见的独特模型。他精心策划并定制了一款以红色玻璃纤维打造的椅子，赋予其富有诗意的名字——“卡路赛利儿童椅”。其金属底座的精湛工艺，则是由技艺高超的霍波宁匠心独运。这款椅子以其流畅的线条和紧凑的设计脱颖而出，它不仅是休闲时刻的优雅伴侣，更是一个纯粹的玻璃纤维艺术杰作，摒弃了多余的软垫与旋转机制。这一创举之作，最终赢得了博物馆的青睐，成为其珍贵藏品之一。

一批源自中国的精美竹制家具，经精心打包置于一个集装箱内，专为装饰博物馆内一整间房间而定制。与此同时，另一房间则别具一格，饰有文身图案的专用椅子摆满了空间。艺术家塔帕尼·阿托曼亲自设计了海报及海报椅的图案，为展览增添了一抹艺术气息。在较小的展览室内，一座构造复杂且引人入胜的装置艺术赫然在目，令人眼前一亮。而一旁的大型金属存储架上，则陈列着各式各样的独特原型与模具，每一件都透露着不凡的工艺与设计巧思。这些珍贵的展品，在由萨斯有限公司（Saas Oy）合作设计的一系列未来主义聚光灯的映照下更显璀璨夺目。这些聚光灯巧妙融合了有机玻璃的通透质感与LED灯的璀璨光芒，为整个展览空间营造出一种前卫而梦幻的氛围。

CNC胶合板椅及其独特的加工方式，挑战了约里奥母亲一直以来为节约材料而精心设计的传统图案观念。然而，正是这些新旧思维的激烈碰撞，激发了前所未有的创意灵感。此次展览不仅成功地吸引了众人的目光，更在约里奥心中种下了对未来创作无限憧憬的种子。

展览的全部筹备工作在三周紧张而高效的努力中圆满完成。设计博物馆的房间墙壁已焕然一新，讲台组装完毕，灯光布局更是恰到好处，营造出完美的展览氛围。

展场的布展重任，荣幸地委托给了来自伊马特拉的尤哈·瓦蒂宁（Juhani Vaittinen），他曾在伊萨家表现出优秀的装修设计才华。此刻，一张张精心挑选的椅子正被缓缓搬入展厅，静待它们的使命。“学生们”受热情邀请，以自愿的方式参与到灯光调试的协助工作中来：西莫·海基拉（Simo Heikkilä）教授、乔科·亚尔维萨洛（Jouko Järvisalo）教授以及卡尔·霍姆伯格（Kaarle Holmberg）教授，他们都全神贯注地调整着每一盏灯具，力求达到最佳的光影效果。而在这一片繁忙与期待的氛围中，孙子沃纳（Werner）和孙女艾伦（Ellen）也在放学后的闲暇时光，以及幼儿园放学后的温馨时刻，与他们的祖父一同在建筑工地上度过，感受着家族传承的温度与力量。此外，展览的文本及其翻译工作也已紧锣密鼓地完成，经精心印刷后粘贴在展板上。同时，展览图册也已如期完成，并顺利送达博物馆。

约里奥心中充满了疑虑，他不确定自己所付出的所有努力是否能够得到应有的回报。“我时常在思考，是否真的会有人前来参加这个开幕式，而我的作品又是否能够成功吸引大众的目光?”他内心的忧虑难以掩饰。然而，当夜幕降临，开幕的时刻终于到来，一切准备就绪。博物馆的门前，节日的篝火熊熊燃烧，照亮了每一个期待的目光。宾客们络绎不绝地涌入，衣帽间几乎达到了承载能力的极限。

博物馆的掌舵人兼主持人玛丽安·阿夫发表了激情洋溢的致辞，虽然音响系统偶尔传来的噼啪声略显突兀，但并未影响到庆典的热烈氛围。香槟的泡沫在灯光下闪烁，象征着庆祝与欢愉的酒液在宾客间流淌。电视与报纸的镜头也纷纷聚焦于此，约里奥·库卡波罗再次成为众人瞩目的焦点，他的名字重新闪耀在聚光灯下。

在展览正式向公众开放的首日，博物馆外围已绵延起了一条蜿蜒曲折的长队。公众怀揣着浓厚的兴趣与好奇心，渴望一睹从 20 世纪 50 年代跨越至 21 世纪的现代家具设计风采。

参观者们沉浸在辨认那些耳熟能详的经典作品的喜悦之中，感受着时光流转过程中设计艺术不断展现的独特魅力。

在展览闭幕的当天，约里奥在毫无预兆的情况下，受邀踏入了博物馆的殿堂。一系列精心准备的鲜花、深情的演讲以及诚挚的祝贺，在他的生日当天纷纷涌现。尤为引人注目的是，约里奥中国作品的制作大师印洪强师傅，不辞辛劳地从中国远道而来，不仅是为了参与这场盛会，更是为了亲眼见证自己的作品在博物馆中璀璨夺目。面对此情此景，约里奥的内心情感交织复杂。他虽对岁月的流逝心存抗拒，但那份突如其来的赞誉却如暖流般触动心弦。毕竟，在他看来，自己依然年轻气盛——仅仅 75 岁而已，正是一位崭露头角的创意天才！

2009 年，这一展览被隆重借展至比利时享有盛誉的根特设计博物馆。6 月末，约里奥与伊尔梅丽携手开始了展览的搭建工作。在此过程中，伊尔梅丽担任了约里奥的得力助手，而约里奥则在设计时坚持运用尺笔，并确保画面的精准度。他不仅在现场为博物馆设计了一款以自己名字命名的独特椅子，还慷慨捐赠了一幅该椅子的 1∶1 比例素描作品，将其永久纳入博物馆的珍贵藏品之中。

6 月末的最后一周，根特城遭遇了酷热难耐的热浪侵袭。面对博物馆内高温酷暑的工作环境，身为芬兰桑拿文化传承者的约里奥，仅仅脱去了衬衫，便继续全身心地投入到工作中。尽管遭遇了这些跨文化交流中的意外挑战，但展览仍然如期圆满完成，并赢得了广泛的好评与赞誉。最终，展览的开幕典礼定于 7 月 4 日盛大举行。在完成这一重要任务后，库卡波罗一家满载荣誉与喜悦，踏上了归途，准备开启他们新的征程与事业。

CNC 2012

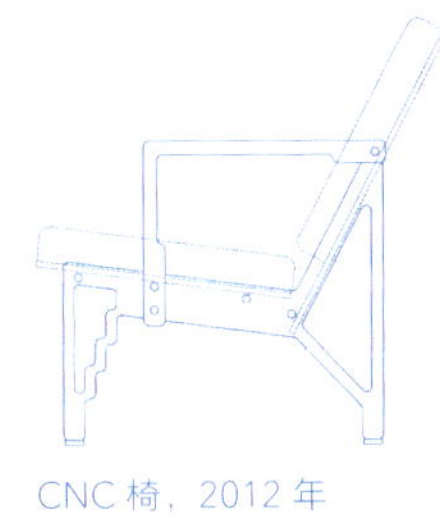

CNC 椅，2012 年

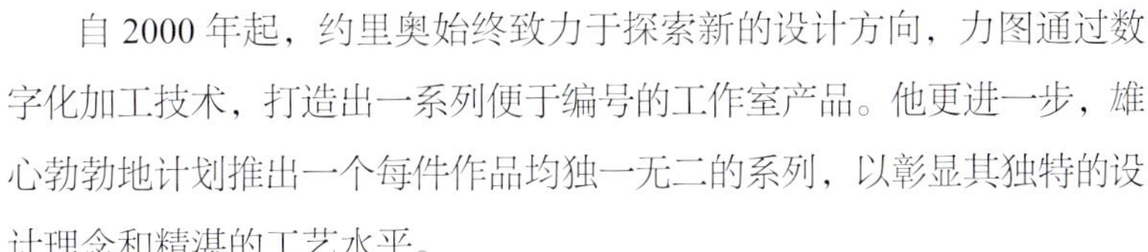

自 2000 年起，约里奥始终致力于探索新的设计方向，力图通过数字化加工技术，打造出一系列便于编号的工作室产品。他更进一步，雄心勃勃地计划推出一个每件作品均独一无二的系列，以彰显其独特的设计理念和精湛的工艺水平。

然而，此方法在商业领域并未取得预期的成功。最终，约里奥精心构建了一个综合性的理念，该理念巧妙地融合了他众多关键构思的精髓。其成果展现为一系列板块组合，这些组合以简洁的垂直截面设计和松软的坐垫为特色。这一创新设计允许设计者从同一块材料上灵活制作出所需长度的沙发与椅子，极大地提升了材料的利用效率。此组件化概念的核心与安泰系列沙发的设计理念有着异曲同工之妙，均体现了对模块化与灵活性的追求。在材料选择上，计划采用环保的回收纤维板，并在表面处理上运用无毒的丙烯酸清漆，进一步彰显其对环境友好的承诺。尤为值得一提的是，这些扁平的部件能够紧凑地打包于小型包裹中，从而显著降低了运输成本，实现了经济效益与生态效益的双赢。因此，从多个维度来看，该系列无疑是将生态理念巧妙融入产品设计中。然而，尽管愿景宏伟，但这一雄心勃勃的目标却不幸与阿旺特的销售策略产生了冲突，为项目的后续发展带来了一定的挑战。

基于阿旺特长期以来的商业理念，约里奥精心打造了一款层压桦木单元，其特色亮点在于多彩的板块设计以及坚固地镶嵌于框架内的舒适垫子。该系列中的椅子和桌子，统一采用了兼具中庸与后现代风格的锯齿图案结构，彰显出独有的设计感与实用性。在色彩搭配上，除了经典的黑白色调外，还引入了鲜明活泼的黄色、蓝色与红色，为空间环境注入了新的活力。这一系列家具被赋予了简洁而富有深意的名称——“CNC”，它既是产品精湛工艺的象征，也是设计师独特创意的体现。原型系列推出后，迅速在中国市场引发了热烈反响。时至今日，“CNC”系列作为 21 世纪初极具代表性的组件家具系列，依然以其独特的设计理念和卓越的品质，持续吸引着人们的目光。

2013 年，变革之年

约里奥在 2013 年初异常繁忙，他正忙于为塔林策划一场迷你回顾展，并精心挑选出他职业生涯中至关重要的作品。这场展览选址在爱沙尼亚建筑博物馆中的一座充满魅力的老仓库建筑内，定于当年 1 月盛大开幕。

此次展览标志着约里奥自 1991 年爱沙尼亚重获独立以来，首次深入参与爱沙尼亚的文化生活。回溯往昔，约里奥的表姐里瓦·赫拉贾（Ritva Pihlaja）因对家谱的浓厚兴趣，在塔尔图地区寻回了远亲——年迈的爱沙尼亚家族成员，并维系着这份珍贵的联系。如今，展览的开幕吸引了众多亲朋好友及爱沙尼亚家具艺术的忠实拥趸，共同见证这一文化盛事。

约里奥家族的文化传统基因日益凸显，再度与深植的爱沙尼亚根源紧密相连。爱沙尼亚的同仁们惊喜交织，发现他们素来敬仰的设计师，竟在某种程度上同属爱沙尼亚血脉的延续。

在春意融融的时节，约里奥即将迎来他的 80 岁寿辰，这一自然规律下的里程碑悄然迫近。亲朋好友、职场伙伴纷纷询问约里奥，如何规划这一意义重大的日子，以及庆典的举办地点。约里奥心中泛起一丝涟漪，暗自纳闷为何自己的生辰信息如此不胫而走。他难以置信，互联网的力量竟能让个人的私密空间如此轻易地暴露在公众视野之下。他沉思着，如何以智慧的方式，优雅地避开那些浪潮般即将纷至沓来的鲜花与祝福？

约里奥计划携全家前往上海，共同欢庆他的生日。鉴于中国文化中，“八”被赋予了鲜明的吉祥寓意，中国的老朋友们对他们一家的中国之行十分期待。约里奥与伊尔梅丽、伊萨及其伴侣亨里克，以及孩子们伊达、沃纳和艾伦一起到达上海后，长期合作的知名木匠印师傅已在其无锡家中开始举办一场盛大的庆祝晚宴，迎接老友一家的到来，并辅以绚烂的烟火表演，以此双重喜庆——既祝贺老友约里奥的幸运生日，又庆祝自己的 65 岁大寿。两个生日蛋糕的高度几乎都有一米。

在旅行的途中，约里奥一家收到了来自芬兰的沉重消息，伊尔梅丽的姐姐，前《赫尔辛基报》(Helsingin Sanomat) 的新闻记者艾琳·休尔 (Irene Huurre) 不幸离世。

当时正值中国的传统节日清明节。春日扫墓祭奠家人的日子恰逢他们的这次旅行不期而遇。为纪念艾琳姨妈，库卡波罗一家到上海一座宏伟的佛教寺庙祭拜。他们恭敬地献上了一包香烟，并点燃了香烛。艾琳生前热爱吸烟，且口才出众，此次追思仪式恰如其分地表达了对她的怀念与敬意。

这次旅行深刻激发了约里奥关于生命的沉思。他长期以来深受背部问题的困扰，而长途飞行的煎熬更是加剧了他的不适。多年来，他在人体工程学的背部设计上倾注了无数心血，这使得他对当前的困境尤为焦虑。与此同时，伊尔梅丽首次表现出记忆障碍的警示信号，在熟悉的酒店环境中也迷失了方向感，这令约里奥难以接受。在家中，面对伊尔梅丽日渐衰退的记忆力，他们却默契地选择了沉默，不愿触及这一敏感话题。约里奥将这些变化归咎于艺术家特有的独特性情，试图以此作为慰藉。

痛苦的代际转换

阿旺特自 21 世纪初便积极寻求合适的接班人。该公司长期以来一直依赖约里奥的杰出产品设计，但在探索新方向的道路上，似乎未能顺利达到预期的效果。遗憾的是，在所有股东中，均未出现能够胜任并引领公司业务继续前行的合适人选。然而，在 2009 年，转机出现。一对来自德国的商人与设计师对阿旺特公司产生了浓厚的兴趣，这并非偶然，因为该公司的产品不仅在德国市场享有盛誉，还拥有一系列卓越的可销售产品。经过深思熟虑和权衡利弊，股东们最终决定将公司出售给这对充满热情的德国买家。双方迅速达成了一项包含多项条件的协议，并着手进行公司所有权的平稳过渡。值得注意的是，在这次交易中，约里奥的设计版权得到了特别的保护，保留在阿旺特内部。为了确保交易的顺利进行和双方的权益得到充分保障，约里奥需要签署一份正式的书面合同，以此作为口头协议的有力补充和保障。

约里奥犹豫再三后，终于在合同上签下了自己的名字。正如后续事实证明的那样，他的决定也是恰逢其时。新业主们对芬兰公司的独特运营模式感到惊讶，现在企业管理需要具备别具一格的管理文化和应对错综复杂的国际商业环境的能力。然而，阿旺特的员工们却仍然固守着旧有的思维模式，这不可避免地导致了一系列冲突的爆发。

关于公司历史的记录与保存，他们显然在认知上存在显著的不足。在阿旺特公司迁址的重要时刻，新业主们却做出了令人遗憾的决定，将承载着公司过往记忆的目录、幻灯片、文件及文件夹等珍贵资料全部丢弃，仅留下了一些模糊的公司历史记忆和散落的档案碎片。这些碎片，如同历史的拼图，虽不完整，却仍能拼凑出一幅昔日芬兰设计业蓬勃发展的壮丽图景。

在阿旺特公司面临严峻的财务危机后，清算程序正式启动。约里奥深思熟虑后，决定终止其个人合同，以避免其宝贵的收藏品受到破产清算的不利影响。目前，这些模型的版权已明确归属其所有，而此变故之突然，远超出其预期。面对此困境，约里奥表现出高度的克制与理性，他并未考虑通过成为破产债权人来维护自身利益，尽管他完全具备此权利。他内心沉重、疲惫而沮丧，深感自己多年来的辛勤付出似乎遭受了不应有的玷污。此外，此次危机所带来的经济影响亦不容忽视。

约里奥和伊姆斯（Eames）

这场风暴的焦点很快汇聚在阿泰克（Artek）的首席执行官米尔库·库尔伯格（Mirkku Kullberg）身上，他与维特拉（Vitra）的掌舵人罗夫·费鲍姆（Rolf Fehlbaum）及其爱女诺拉·费鲍姆（Nora Fehlbaum）携手，共同推进着一次具有深远意义的合作。费鲍姆作为库卡波罗设计作品的忠实爱好者，他们的工作室之行起初看似一场不经意的邂逅，却迅速催化了库卡波罗与阿泰克之间协议的签署，标志着卡路赛利作品版权的正式转让，落入了阿泰克这一备受尊崇的守护者之手。然而，故事并未在此画上句号，惊喜接踵而至。数周之后，一桩震撼业界的收购案横空出世：瑞士设计界的领军者维特拉宣布对芬兰阿泰克公司实施了并购。这一举措为阿泰克注入了前所未有的财务动力，引领其踏上了通往辉煌的新征程。此举也间接地赋予了约里奥·库卡波罗一个新的身份——维特拉公司的设计师。当这一事实逐渐在约里奥心中清晰起来的时候，他悠然躺于自家景观沙发上，双腿高悬，难掩激动之情地宣称："我与伊姆斯并肩工作在同一家公司，这简直让我难以置信！"

卡路赛利目前正由第三家公司精心打造。资深且值得信赖的专家团队为阿泰克的生产流程提供了宝贵的咨询意见，涵盖了软垫技术及其他关键技术领域。作为签字人，约里奥对阿泰克的芬兰装配工艺及软垫技术有着深入的了解。如今，卡路赛利的质量已迈上了一个崭新的台阶。在此方面，2013 年对于约里奥而言，无疑是一个圆满的句号。

这一时刻，标志着与同一合作伙伴携手共度超过半个世纪的特殊时期的圆满落幕。世界已发生了不可逆转的变革，此刻，正是大胆展望未来，开启新篇章的最佳时机。

不受影响的艺术家

约里奥与伊尔梅丽的世界，充盈着各式家具、精致艺术品、创意原型，以及穿梭于过去与未来之间的奇思妙想。伊尔梅丽的创作热情再次被点燃，重新拾起了画笔。库卡波罗夫妇，作为蛋彩画艺术用品店的常客，店里的产品无形中激励了约里奥，使他勇敢地再次投身于胶合板绘画的创作之中。如今，约里奥已是一名才华横溢的设计师与创意艺术

约里奥与伊姆斯（Eames）
并肩工作在同一家公司，
这简直令他难以置信！

家。2012 年，他的作品“冰火椅”在安特罗·卡雷（Antero Kare）策划的跨学科展览中惊艳亮相，这场展览选址于一家由老牛奶厂华丽转身而来的艺术画廊——索梅隆·基维梅贾里（Someron Kivimeijari）。对于约里奥而言，如同所有自由职业者一般，他深知时间管理与截止日期的重要性，而这样的小型私人展览，无疑是他艺术生涯中一个值得铭记的里程碑。

每年在芬兰贸易博览会举办的哈比特（Habitare）生态设计展览，都激发了无数独特设计的诞生。自 20 世纪 60 年代起，约里奥便持续在赫尔辛基的贸易展览中展出他的作品，并深深沉浸于这一创作与展示的过程中。

米科·帕卡宁在伊马特拉精心策划了一场别开生面的展览。多年的交往让米科与阿旺特公司之间建立了深厚的友谊与合作关系，而他的椅子更是出自阿旺特（上海）公司之手，这无疑为展览增添了一份特别的意义。值得一提的是，米科与约里奥在青年时期都曾在伊马特拉的沃森尼斯卡（Vuoksenniska）度过，这段共同的记忆成为他们艺术创作的灵感源泉。因此，在 2016 年，他们携手在伊马特拉市政厅画廊推出了联合展览“沃森尼斯卡之子”（Vuoksenniskan pojat）。在这场展览中，年长的约里奥展现了他对色彩实验的独特见解。特别是他对椅子坐垫的设计更是别出心裁。他渴望一种既有趣又富有立体感的材料，于是从五金店挑选了一块质感粗糙却蓬松如稻草的地毯。然而，当人坐下时，这块地毯却像被暴雨洗礼般被压扁，形成了一种意想不到的动态美感。这一创新性的解决方案，为椅子原型增添了令人惊叹的有机元素，使整件作品更加生动而富有生命力。

2017 年，赫尔辛基的莱梅蒂画廊成功举办了著名设计师库卡波罗的个展。该画廊的馆主尤哈·莱梅蒂（Juhani Lemmetti），作为一位资深的设计作品收藏家，长期以来倾心于库卡波罗的创作，尤其热衷于搜集其颜色实验与极简主义时期的杰作。他珍藏了多件独一无二的原型作品，并满怀期待地希望通过此次展览，让公众得以一睹这些艺术瑰宝的风采。本次展览以“颜色实验”为主题，深刻展现了库卡波罗在色彩运用上的创意才华与独特视角。尤为引人注目的是，库卡波罗亲自设计了一款简约风格的椅子，以其独特的品牌魅力替代了传统的海报，成为展览的一大亮点，巧妙地传达了展览的核心精神。

2018 年，阿泰克盛大举办了一场向卡路赛利致敬的庆典，约里奥在此活动中接受了关于卡路赛利灵感演进历程的深度访谈。此次庆典对公众全面开放，库卡波罗再次施展了他那令人赞叹不已的娱乐天赋。他独具匠心的哑剧表演风格深深触动了在场的每一位观众，为赫尔辛基阿泰克展示空间内熙熙攘攘的人群带来了连绵不绝的欢笑与感动。

在 2019 年的哈比特盛会上，约里奥参与了一系列丰富多彩的活动，而其中最引人入胜的莫过于一场别出心裁的展览——“库德（Kuud）”（源自爱沙尼亚语，寓意着“众多月亮”），此展专为纪念包豪斯学派百年华诞而精心策划。展览的发起者，爱沙尼亚杰出设计师尤里·克米克（Jyri Kermik），受灵感激发，邀请了芬兰与爱沙尼亚的顶尖设计师携手，共同打造出别具一格的灯具艺术品。这些灯具宛如一轮轮皎洁的月亮，不仅映射出创作者们独特的艺术光芒，更在会场中熠熠生辉，成为众人瞩目的焦点。

除了库卡波罗之外，芬兰参展阵容依旧星光熠熠，包括约里奥·维赫海莫（Yrjö Wiherheimo）、西莫·海基拉（Simo Heikkilä）、汉努·卡赫宁（Hannu Kähönen）以及乔科·亚尔维萨洛（Jouko Järvisalo）等杰出设计师。与此同时，爱沙尼亚展区也亮点纷呈，泰沃·甘斯（Taevo Gans）、迈特·苏玛塔维特（Mait Summatavet）及尤里·克米克均携作品亮相，共同为观众带来了一场视觉盛宴。整个展台洋溢着欢快的气氛，这些设计界的绅士们以十足的信心精心布置并呈现了他们的展览。特别值得一提的是，库卡波罗贡献了一对别具一格的灯具——“Veistosvalaisin”（雕塑灯）。这款灯具的创意源自约里奥的巧思，他将一根充满后现代气息的桌腿巧妙倒置，并巧妙融合了小反射器与光源，专为塔林展览量身定制，展现了其独特的艺术魅力与设计才华。

他巧妙融合了 20 世纪 70 年代实验中切割材料所创造的独特几何形态，并独具匠心地将巴洛克风格的绚烂色彩元素引入其中。这盏灯的设计独树一帜，几乎散发出一种自由气息，与展览中其他作品所展现的极简主义风格形成了鲜明的对比。随后，库德（Kuud）展览顺利从博览会转战至塔林设计博物馆，并在那里再次赢得了热烈的欢迎与高度的赞誉。

新合作伙伴

约里奥是一位我行我素的自由设计师，常可以以自己的名义独立创作。数十年来，他始终有工作室的工作概念，以此作为实现愿景、探索创新的舞台。然而，这份自由背后，却承载着雇用员工、管理日常事务、规划公共空间及监督助手的重担。而今，这一切似乎都已烟消云散。

如今，是时候正式告别教学舞台了。约里奥教授将其最后的演讲之旅选定在了拉普兰大学，这不仅是他职业生涯的告别演出，也是最后一次利用模拟幻灯片进行教学设计展示的机会。约里奥精心筹备的演示照片被细心地排列在一个圆形的幻灯片架上，而这一切，学校方面事先并未被告知。最终，在仓促之中，学校从库房中紧急找寻了一台设备，以确保这些珍贵照片能够顺利展示。当这场令人难忘的演讲结束后，玛蒂细心地将每一张照片逐一扫描，并妥善地保存在一张存储卡中，以便将来能够再次重温这段宝贵的记忆。

伊尔梅丽的记忆力衰退，影响了她未来前往中国旅行的计划。在科技与世界日益虚拟化的今天，家人在支持与维护库卡波罗的工作与生活方面，扮演着愈发重要的角色。安泰系列与雷米系列产品仍持续在芬兰制造，但已携手新的合作伙伴共同发展。

项目和零售销售保持稳健，且以约里奥·库卡波罗个人品牌为核心进行市场推广。无论时代如何变迁，总有一群人对其产品怀有需求。约里奥对公众瞩目并无过分热衷，诚然，他珍视这种关注，但内心早已收获了作为一位创作者所渴望的所有认可与赞誉。

所有报纸剪报足以将整座房屋的墙壁装点得满满当当。约里奥依然时常被众人认出。一次，当他乘坐出租车抵达哈比特展会时，一位陌生女性瞥见了他那标志性的黄色帽子，激动不已地冲出人群，高声呼喊道："请允许我为我心中的偶像亲自开门！"

后期的风格

约里奥的设计之旅，自青春的盎然生机中启程，逐渐迈向了简约而克制的禁欲主义历程。这一路，恰似海伦·夏白克（Helene Schjerfbeck，1862—1946，芬兰杰出画家）标志性的自画像系列演变——从初时显露的面颊绯红、充满灵气的滋润少女形象，历经时间的洗礼，最终蜕变为一幅以棕褐色调勾勒出的概念化女性身影。在视觉艺术的浩瀚星空中，这种蜕变被赋予了“晚期风格”的美誉。然而，在设计界的作品深度剖析中，对此类现象的探讨却显得尤为珍贵且稀少，这或许是因为并非每位设计师都能如库卡波罗一般，拥有源源不断的创意与贯穿其职业生涯的众多标志性研究节点。

作为一个年轻才俊，约里奥开始潜心创造一种灵动且充满创新性的设计语言，其作品以极强的表现力直击人心，令人过目难忘。随后，他步入模块化设计的构建阶段，进一步彰显了他的设计天赋与灵性。步入中年初期，他重拾对色彩与形状的热爱，这一转变深刻体现了他对色彩运用的无限热情与执着。接着，新古典主义与优雅的设计风格成为他的伙伴，随后而来的则是疯狂的胶合板时代以及与机器制作的跨界融合，这些无不昭示着他向更为简约、禁欲的设计风格迈进的决心与勇气。约里奥在设计领域勇于探索，他致力于将坐具功能精简至与人体生理完美契合的几个基本元素。最终，他的最新原型作品在2021年拉赫蒂绿色之都的环境设计展览中惊艳亮相，再次证明了他在设计领域的卓越才华与不懈努力，为观众带来了前所未有的视觉盛宴。

芬兰国家博物馆于2018—2019年隆重推出的展览“设计的万年历史”，以其宏大的规模，再次呈现了卡路赛利椅子那简约而纯净的白色外观。展览的核心主题富有深刻的哲学意味——“人类、物质、变形”，它深刻地探讨了人类作为生态系统中不可或缺的一环，以及我们与各种材料和物品之间错综复杂的关系。这一议题通过博物馆内丰富的民族学藏品与现代设计作品的巧妙并置，得到了生动具体的阐释。在展览中，卡路赛利椅子被巧妙地置于自然形态如动物头骨和骨骼的旁边，形成了一种独特的对话关系。这种并列不仅展示了设计的力量，也让我们思考人类造物与自然形态之间的微妙联系。同时，湖边那些被水流冲刷得圆润光滑的鹅卵石，与卡路赛利椅子那流转往复的形态相呼应，仿佛在诉说着一种关于变形与回归的永恒故事。这一自然与人文的共通语言，将我们每个人的思绪带回了生命的起点，那个充满无限可能与奇迹的出生地。

难以预测的库卡波罗

约里奥内心的情感深邃而内敛，却在创作中时常自然流露。他对待产品设计的每一刻都充满了单纯的热爱与专注。他从不盲目跟随流行趋势，也不轻易模仿他人之作，因为他深知，唯有保持自我，方能展现真正的创作灵感。而他，就像一位文化的捕手，悄无声息地捕捉着周遭的勃勃生机，历经时间的酝酿与沉淀，这些元素都在他的设计作品中得到了最完美的诠释与展现。

下一代的降临，点燃了他设计儿童椅的创意火花。与那个被孙辈亲切唤作 Maamo 的伊尔梅丽不同，约里奥总是保持着直接而质朴的称呼，要求孙辈直呼其名。在孙辈们的童年时光里，他通过绘画与雕刻柳枝的细心手艺，细腻地表达着对晚辈们深深的疼爱与呵护。约里奥是位既善解人意又热心肠的人，虽有着不易动摇的固执性格，但他对世间万物的态度，却充满了佛教般的慈悲与敬畏。这一情感在一年一度的特殊仪式中展现得淋漓尽致。那年春天，房屋四周的土地上，蚂蚁大军浩浩荡荡，它们坚定地从前门出发，意图向餐厅进发。面对此景，约里奥同样展现出了坚定的决心，保护性地阻止蚂蚁搬迁。他手持簸箕，耐心地将一只只蚂蚁小心翼翼地清扫起来，再温柔地送回户外。这样的固执场景，在炎炎夏日的每一天，都在不厌其烦地重复上演。对于任何可能伤害生命的行为，他都从未有过丝毫的犹豫与考虑。

在整个生活历程中，约里奥始终对周遭的物件保持着一种批判性的审视态度。一旦某个叉子的形态触动了他的敏感神经，他便会毫不犹豫地舍弃这份在他看来“丑陋”的存在。这种态度也导致了工作室中时常出现餐具、玻璃杯乃至盘子等日常用品的空缺，直至他寻觅到符合心意的替代品。诸如卡吉·弗兰克（Kaj Franck）设计的 Guild 系列，以及法国多莱斯（Duralex）品牌的饮水杯，之所以能够深得约里奥·库卡波罗的青睐，正是因为它们在日常生活中，能以一种低调而不失个性的姿态呈现。相反，若某样物品违背了约里奥的视觉美学法则，那么它便注定无法在他的工作室中占据一席之地。值得一提的是，基利基·萨门哈拉（Kyllikki Salmenhaara）创作的陶器，凭借其独特的魅力与约里奥

约里奥·库卡波罗青睐的
品牌如卡吉·弗兰克（Kaj Franck）设计的
Guild 系列，
以及法国多莱斯（Duralex）
品牌的饮水杯，
因为它们在日常生活中，
能以低调而不失个性的
姿态呈现。

的审美标准不谋而合，因此偶尔也能在工作室的展览中占据一席之地，成为众人瞩目的焦点。

出于礼貌与怀旧情怀，来自中国的礼物与纺织品曾一度展示在他的工作室中。然而，这一展示过程有时间限制，随后丝巾、茶壶套、香炉及银柄拐杖等物品便被细心收纳于橱柜之中。约里奥最为珍视的合作伙伴莫过于艺术家们。他与雕塑家坎恩·塔帕之间建立了深厚的情谊，这段友谊始于他们在阿泰努姆共同求学的日子，其间约里奥与伊尔梅丽结识了坎恩。值得一提的是，坎恩的弟弟约里奥·塔帕同样热衷于艺术，当时他正学习舞台设计，并与伊尔梅丽同窗。约里奥与坎恩之间的互助精神令人动容，约里奥赠予坎恩椅子，而坎恩则以自己的艺术作品作为回馈。在早期阶段，约里奥还与画家尤卡·马克拉（Jukka Mäkelä）及雕塑家卡里·胡塔莫（Kari Huhtamo）保持着紧密的合作关系。尤卡那优雅的灰色画作成为阿旺特展厅中一道亮丽的风景线，而卡里的巨型钢雕塑则巧妙地融入了皮拉贾马基（Pihlajamäki）工厂的墙面，为那里增添了独特的艺术氛围。

金莫·皮伊科（Kimmo Pyykkö）思绪万千，将约里奥在 1977 年垃圾场中偶然发掘的一把古朴椅子，巧妙融合进一座女性雕塑之中，诞生出一件别具一格的混合雕塑作品。为了深化这一创作理念，他更进一步，为位于康加萨拉（Kangasala）的金莫・皮伊科博物馆量身设计并制作了一把椅子，以此作为对艺术的持续探索与献礼。

安特罗・托伊卡（Antero Toikka）在其考尼宁工作室的庭院中陈列了一系列色彩斑斓的金属雕塑作品。这些作品与周围环境产生了深刻的互动，其鲜艳的色彩与独特的形态巧妙地呼应了工作室建筑的内在特质，营造出一种和谐而富有张力的氛围。

2001 年寒冬，日本著名环境艺术家新宫晋（Susumu Shingu）在风景如画的伊纳里湖（Inari）冰面上，精心构筑了全球巡回展示的风雕雕塑公园。此次展览得到了西达（Siida）博物馆工作人员的鼎力支持，确保了展览的顺利搭建。在隆重的开幕式上，才华横溢的萨米艺术家威姆・萨米（Wimme Saari）于冻结的湖面上献上了一场震撼人心的表演，吸引了众多宾客乘坐传统的狗拉雪橇前来观赏。尤为值得一提的是，享誉盛名的库卡波罗夫妇也亲临现场，共襄盛举，使得这一活动更加令人印象深刻。此次展览的核心主题聚焦于人类与自然环境的和谐共生，以及日益凸显的环保紧迫性，旨在唤起公众对环境保护的深刻认识与行动。值得一提的是，新宫晋与妻子的美好邂逅正是在芬兰求学期间，为表达他对库卡波罗这位杰出设计师的深深敬意与感激之情，新宫晋特地将一件充满生命力的动态风雕雕塑赠予了库卡波罗的自然花园，作为他们婚礼的珍贵纪念。

风格鲜明的作品

约里奥的个人风格在岁月的洗礼下，愈发趋向简约。作为一位年轻有为的设计师，博萨利诺（Borsalino）帽子不仅是他身份的象征，更与他那标志性的胡须和烟斗相得益彰。尽管约里奥本人并不吸烟，但烟斗作为道具，在照片中出现无疑为他的形象增添了几分真实与深度。随着时间的推移，沃科与玛丽梅科的服饰逐渐成为库卡波罗的标志，彰显着他独特的时尚品位。嬉皮文化的兴起，让他勇于挣脱传统着装的束缚，展现出独立的个性与不羁。年轻时的他，便对时尚与文化之间的微妙联系充满了好奇与探索欲。步入 20 世纪 80 年代，约里奥更是大胆尝试，欣然接受了《图像》杂志的邀请，参与了一组旨在探讨未来主题的拍摄。在这组照片中，他化身为朋克摇滚乐手，身着前卫的装扮，专注地玩着电脑游戏，这一创意巧妙地预示了老年人未来的生活方式与态度。此次

库卡波罗的帽子造型

拍摄由知名摄影师斯蒂凡·布雷默（Stefan Bremer）掌镜，而化妆则由才华横溢的化妆师里斯托·海金海莫（Risto Heikinheimo）亲自操刀。拍摄地点选在了赫尔辛基若霍拉赫蒂（Ruoholahti）的避难所，这个曾作为无家可归者收容所的地方，如今却见证了这位时尚先锋的奇思妙想与独特魅力。

多年来，约里奥的衣橱悄然蜕变，几乎完全由黑色服饰构成，其间点缀着红色或绿色的围巾。

2000 年初，他在瓦尔曼（Wahlman）一时兴起，购买了一顶醒目的黄色威根斯（Wigens）帽子。这顶帽子迅速成为约里奥的独特标志；每当他佩戴此帽，便能在茫茫人海中轻易辨认。约里奥内心渴望再添置一顶同款，但遗憾的是，这款标志性的黄色老人帽已宣告停产。

约里奥从未将时间浪费在不必要的配饰上，诸如珠宝。然而，对于伊尔梅丽，他却特意制作了一条方形银项链，这是他除结婚戒指外，赠予妻子的唯一一件珠宝。

身为一位年轻有为的设计师，约里奥曾拥有一支万宝龙钢笔。然而，一旦墨水耗尽，他便毫不留恋地将其弃置一旁。相比之下，他的欧米茄手表陪伴了他数十年之久，但当它最终停止时，约里奥选择了时尚界设计师们的挚爱——一款黑白色的斯沃琪手表作为替代品。

对约里奥而言，笔尖的触感至关重要。他尤为偏爱潘通品牌的 0.5 毫米中蓝色毡头笔，而对圆珠笔则抱有强烈的反感。约里奥心目中的完美铅笔芯规格，非 0.5 毫米或 0.9 毫米莫属；至于软炭笔，则与他的书写风格格格不入。

长久以来，他钟爱使用由里斯托玛堤·拉蒂亚（Ristomatti Ratia）为“12 月”（Decembre）系列精心设计的单肩包。然而，当包的拉链出现故障后，约里奥转而选择了一款在中国购置的超轻便携小包。这种对简约的追求，部分源自无意识的禁欲主义倾向，但无疑让生活变得更加轻松自在。

服务设计还是意外

随着年龄的增长，约里奥的生活愈发显现出禁欲主义的特质。他严格遵循个人的日常规划，将生活中的每一细节都置于掌控之中。鉴于伊尔梅丽的记忆逐渐衰退，约里奥精心构建了一个简约而充满关爱的

2000 年初，
约里奥在瓦尔曼（Wahlman）
一时兴起买下的那顶黄色的
威根斯（Wigens）帽子，
几乎成了约里奥的标志。
只要戴着它，无论在哪里，
人群中你都能
一眼认出他。

环境，确保一切都恰到好处，毫无冗余。他努力地降低了各种风险因素，彻底排除了火灾隐患与意外发生的可能性。每当有人企图悄然开启房门，门上那发出轻微吱嘎声的铰链便如同忠诚的守护者，及时发出警示。

对于这对夫妇而言，他们的艺术世界始终占据着举足轻重的地位，它不仅是情感的寄托，更是记忆的延续。每当约里奥拿起一件物品，沉浸其中，细细品味，便能轻易地追溯其背后的故事与来源，这对他而言，无疑是一种难以言喻的愉悦。此外，约里奥还热衷于回味自己的旅行经历，那些美好的瞬间如同珍贵的宝藏，在他心中栩栩如生。

回忆起印度、中国、委内瑞拉、埃及、冰岛、瑞典、意大利、西班牙、比利时、荷兰、德国、法国、南斯拉夫、俄罗斯、波兰、澳大利亚等国家，在这份名单的最后，约里奥结交了一位终生的朋友，建筑师格伦·默卡特（Glenn Murcutt，2002 年普利兹克建筑奖获奖者）。这位普利兹克奖得主建筑师，非常钦佩约里奥的设计，尤其是他设计的雷米椅系列。两人在技术方面也有一种类似路德主义的共同理念。他们之间最后一次直接联系是 2014 年通过传真进行的。约里奥很不情愿地放弃了电子邮件，在他看来，电子邮件是一种巧妙连接人与人的方式。可遗憾的是，他无法再知道是谁联系他了，即使是格伦·默卡特，也只能发邮件给他的秘书来联系他。

约里奥有自己专用的零部件、螺钉和工具库，这总给他源源不断的灵感火花，仿佛随时都能点燃创意的火焰，创作出令人瞩目的新作品。

约里奥与伊尔梅丽唯一的热情、挚爱及志向，皆凝聚于他们毕生的工作中，他们难以构想于别处安身立命的场景。诚然，约里奥偶尔会萌生迁回赫尔辛基公寓的念头，但这念头总如过眼云烟，转瞬即逝。

着眼于未来之需，寓所与工作室同层而居，实乃便捷之选。此处无障碍设计周全，只需轻轻一推门扉，便能步入户外世界。院中黑鸟啁啾，日本著名雕塑家新宫晋的雕塑熠熠生辉，仿佛将一抹天际揽入怀中。不远处，一项新工程正蓄势待发，只需穿过庭院，便能踏入那灵感四溢的工作室。

←
对于沃森尼斯卡（Vuoksenniska）展览的那些作品，约里奥设计了变体（Värielementti）椅子。装饰用的粗糙门垫是从一家五金店买的，约里奥认为它给椅子增添了一种后现代的感觉。在沃森尼斯卡展览的另一件作品是设计师米科·帕卡宁（Mikko Paakkanen）的椅子

↓
为 2019 年哈比特（Habitare）的库德（Kuud）照明展览设计的两个独特的面纱（Veistos）灯具

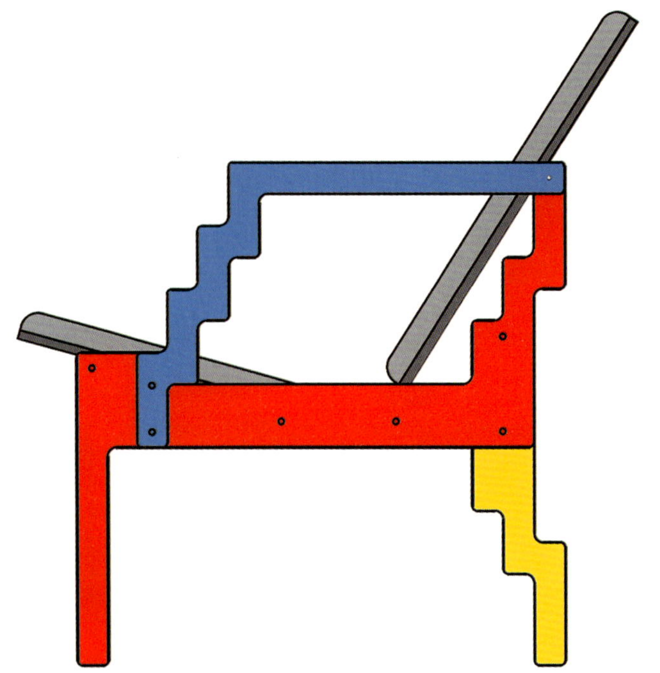

从 2000 年开始，约里奥对 CNC 工艺产生了浓厚的兴趣。科文兰塔（Korvenranta）木工店购买了数控机床。约里奥受到启发，决定使用它们来启发设计和设计零部件组件

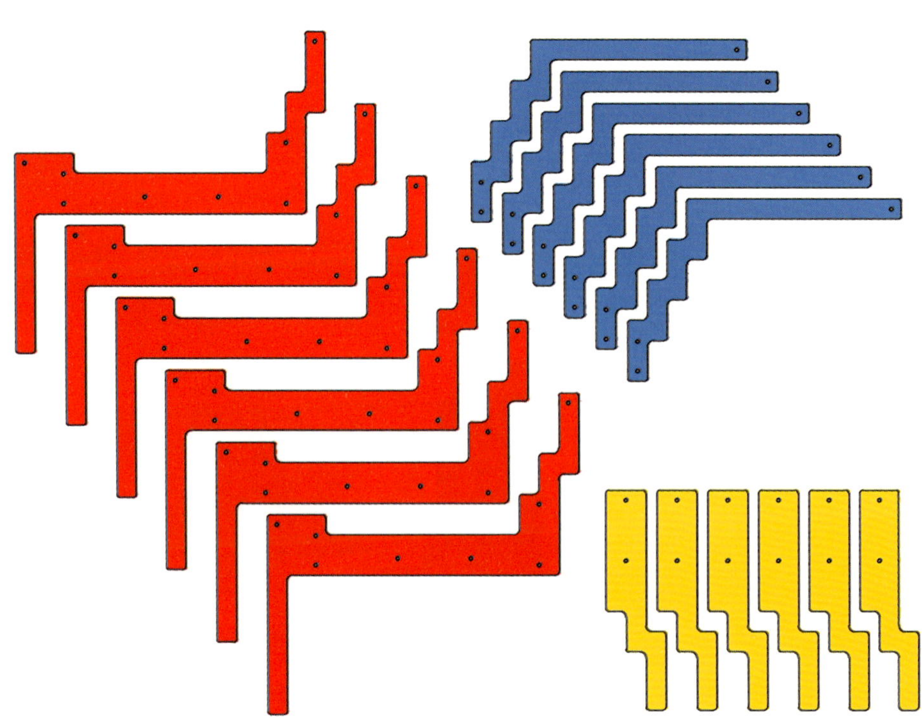

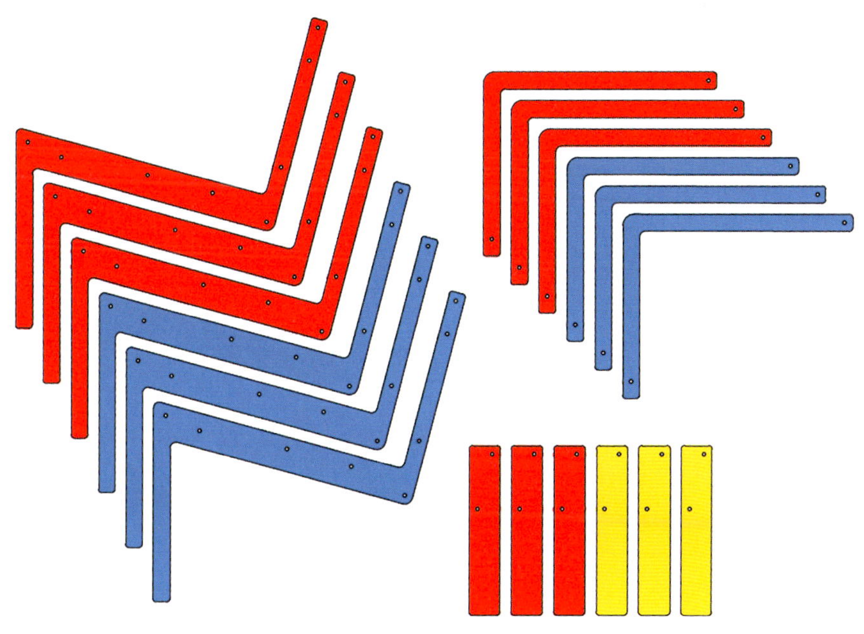

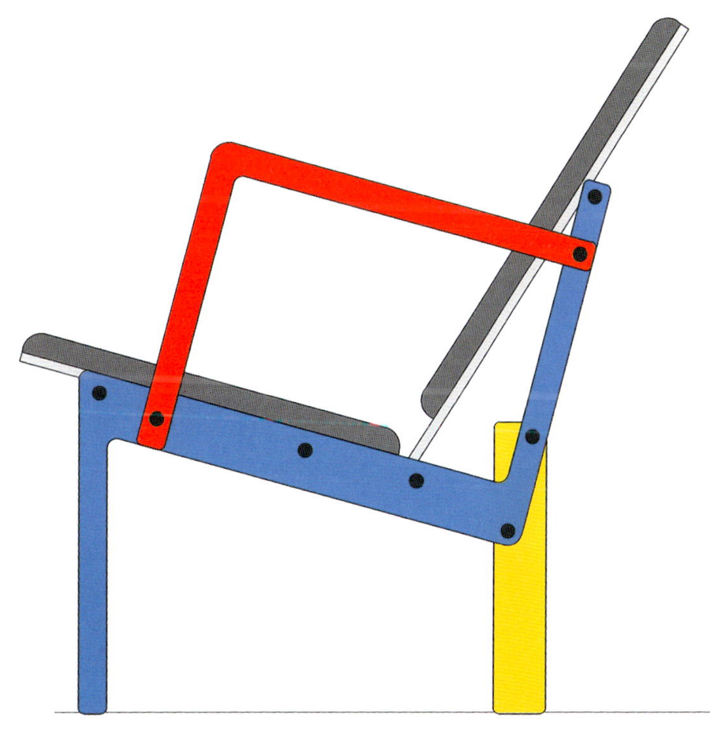

自 2018 年与摩登诺公司（Moderna Oy）合作以来，安泰（Ateljee）系列仍在芬兰生产。照片由汉娜·凯莎·佩卡拉（Hanna-Kaisa Pekkala）摄

340Y 型号台灯，2009 年由亨利恩・博姆（Henrik Enbom）设计，由萨斯有限公司（Saas Oy）生产

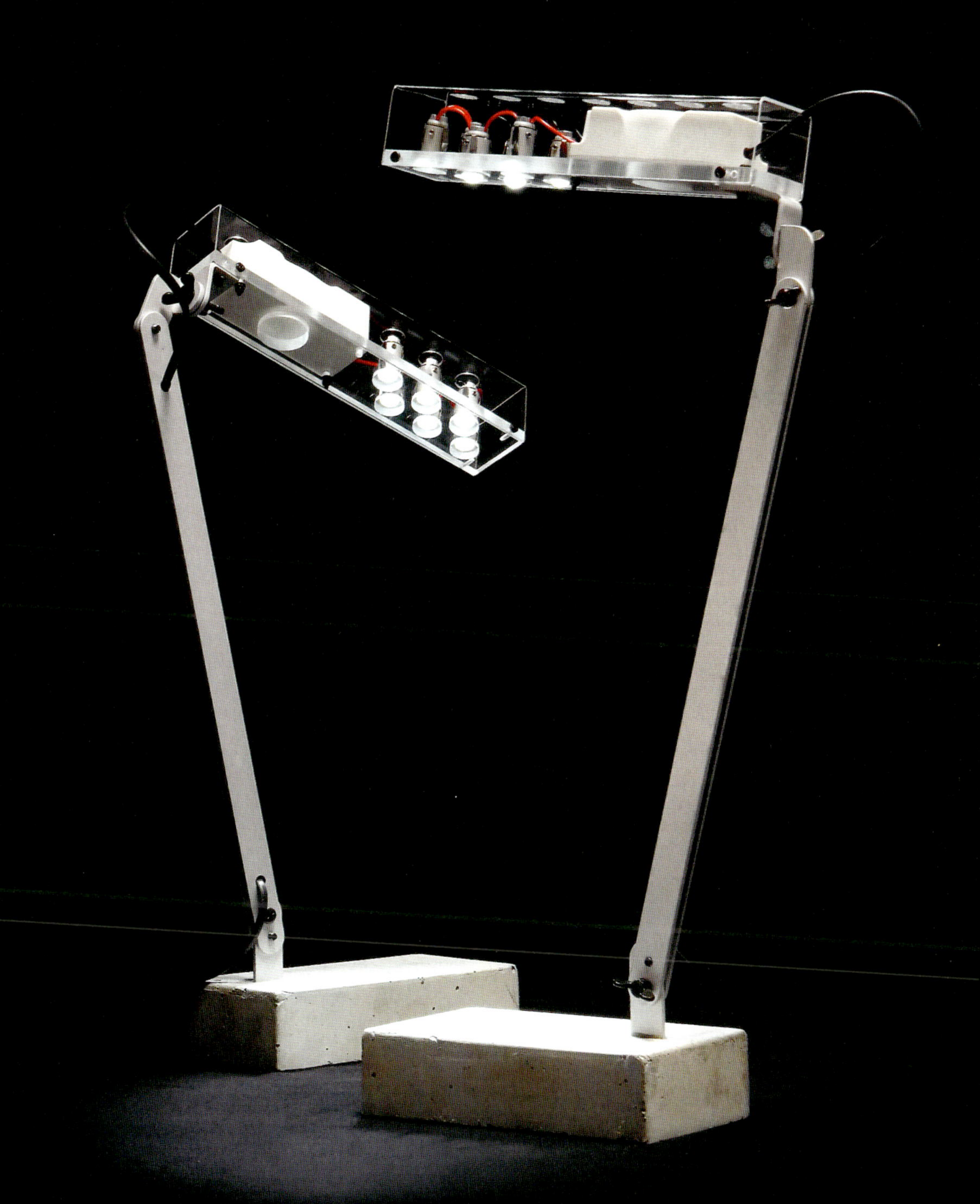

伊尔梅丽的工作空间和宇宙。她在一个旧的莱比锡印刷机上打印了自己的形象轮廓。照片由安娜贝尔・安塔斯（Annabel Antas）摄

2008 年，设计博物馆回顾展中，展架上陈列着库卡波罗实验性作品的模型

在约里奥的 90 岁生日上，EMMA 埃斯波（Espoo）现代艺术博物馆举办了“魔法房间”展览。策展人伊卡·莱因（Inka Laine）、托马斯·劳莱宁（Tuomas Laulainen）和皮尔维·卡哈玛（Pilvi Kalhama）策划了一个关于约里奥设计世界的展览缩影，它受到了现代主义、机器浪漫主义、先锋派和后现代主义的影响。由蒂莫·阿尔托（Timo Aalto）委托创作的艺术作品《建筑》（Rakennelma），墙上挂着拉斯·冈纳·诺德斯特伦（Lars Gunnar Nordström）的抽象画作。奥斯莫·瓦托宁（Osmo Valtonen）的灯光雕塑和玛丽·桑塔（Mari Sunta）的画作与约里奥的椅子一起创造了一个完整的作品。照片由宝拉·维尔塔（Paula Virta）、艾玛摄

APPENDIX

附录

谨向认识我的各位致谢！

约里奥・库卡波罗
2023

约里奥・库卡波罗的家庭成员

雅各布・布隆巴赫（Jakob Blumbach，1875—1927 年），约里奥的祖父

伊丽莎白・布隆巴赫（Elisabeth Blumbach，佩卡宁家族，1885—1933 年），约里奥的祖母

索菲亚・瓦塔宁（Sofia Vatanen，哈普萨里家族，1879—1950 年），约里奥的外祖母

米科・瓦塔宁（Mikko Vatanen，1856—1935 年），约里奥的外祖父

玛蕾・贾蒂宁（Maire Jaatinen，布隆巴赫家族，1910—1995 年），约里奥的姑姑

玛塔・皮莱亚（Martta Pihlaia，布隆巴赫家族，1906—1980 年），约里奥的姑姑

埃里克・库卡波罗（Eerik Kukkapuro，布隆巴赫家族，1907—1978 年），约里奥的父亲，出生于芬兰奥蒂奥

伊娃・库卡波罗（Eeva Kukkapuro，瓦塔宁家族，1911—1997 年）约里奥的母亲，出生于芬兰维堡

玛雅塔・奥西（Marjatta Ossi，布隆巴赫和库卡波罗家族，1936—），约里奥的妹妹，出生于芬兰维堡

凯佳・基尔朱宁（Kaija Kiljunen，布隆巴赫和库卡波罗家族，1934—），约里奥的妹妹，出生于芬兰维堡

特图・雷米宁凯宁（Terttu Lempiainen，库卡波罗家族，1941—）约里奥的妹妹，出生于芬兰里斯蒂纳

佩尔蒂・库卡波罗（Pertti Kukkapuro，库卡波罗家族，1948—2014 年）约里奥的弟弟，出生于芬兰伊马特拉

伊尔梅丽・库卡波罗（Irmeli Kukkapuro，萨米宁家族，1934—2022 年），妻子与合作伙伴

伊萨・库卡波罗—博姆（Isa Kukkapuro-Enbom，1957—），女儿

伊达・库卡波罗（Ida Kukkapuro，1986—），外孙女

沃纳・库卡波罗・瓦伊吕宁（Werner Kukkapuro Vayrynen，1996—），外孙子

艾伦・博姆（Ellen Enbom，2003—），外孙女

人名索引

资料来源

家庭成员的生活经历

约里奥·库卡波罗的相关访谈，2007—2022

玛雅塔·奥西（Marjatta Ossi）访谈，2019—2021

新闻剪报，芬兰手工艺与设计协会档案

克尔斯蒂·瓦伊尼卡（Kirsti Vainikka），《奥蒂奥：甜蜜家园》，2014

里塔·卡里帕（Riitta Kylänpää），《我的见闻·芬兰奥塔瓦》，2009

安蒂·哈西，《哈西的文件》，2020 身后回忆录纪录片

方海，《约里奥·库卡波罗——家具设计师》，东南大学出版社，2001

译后记

中国的设计发展与北欧设计联系紧密，库卡波罗大师与中国学术界和设计界的互动，缩小了中国设计与西方设计之间的差距。我最初与库卡波罗大师相识是在20多年前的一次国际竞赛，他的评语和亲自颁奖，对千禧年后的国内设计学子是极大的鼓励。此后，我更加深入地学习和了解西方的设计理念，特别是对不足600万人口的芬兰，其连续成为国际创新之都、幸福之地，其设计创新对社会发展有着深远影响。

“蓝门”不仅体现了北欧人的性格，也是旅行者对当地环境的直观感受，更是对应用设计创新理念的精妙概括。“北欧风格”已经成为当代生活设计艺术的代名词，也是现代都市生活中无数人的灵感源泉。设计师们都应该去欧洲游学，体会北欧在规划、环境、建筑、室内、家具、日用品等各个领域中的生活艺术设计的氛围。那里到处弥漫着以人为本、和谐共生的高质量可持续绿色理念，而库卡波罗大师的思想、实践与生活正是生活艺术家的真实写照。

本书详细记录了库卡波罗的设计历程、设计理念、设计生活、待人接物，以及他的人生阅历。特别是他最先倡导的人体工程学研究、设计教育理念、地域文化的尊重、创新与美学融合、简约与实用理念的平衡、商业化设计等方面的实践，以及与以中国为主的东方艺术交流。这些成就使他成为延续70余年设计生涯并始终活跃在国际设计界的传奇人物，年过九旬的他仍居住在自己设计的工作室中继续创作，这确实值得我们学习。

方滨

广州理工学院

2025年1月8日

2023 年冬，约里奥・库卡波罗在他考尼宁的工作室。亨利恩・博姆（Henrik Enbom）摄

YKÄ XC

图书在版编目（CIP）数据

蓝门：库卡波罗的生活与工作 /［芬］伊萨·库卡波罗（Isa Kukkapuro）著；方滨编译．-- 北京：中国电力出版社，2025. 8. -- ISBN 978-7-5198-9864-9

Ⅰ. K835.315.72

中国国家版本馆 CIP 数据核字第 2025GZ8534 号

北京市版权局著作权合同登记图字：01-2025-2665 号

出版发行：中国电力出版社
地　　址：北京市东城区北京站西街 19 号（邮政编码 100005）
网　　址：http://www.cepp.sgcc.com.cn
责任编辑：王　倩（010-63412607）
责任校对：黄　蓓　张晨荻
装帧设计：Ilona Ilottu / Dog Design　锋尚设计
图片处理：Asko Rokala / BEE2
责任印制：杨晓东

印　　刷：北京雅昌艺术印刷有限公司
版　　次：2025 年 8 月第一版
印　　次：2025 年 8 月北京第一次印刷
开　　本：710 毫米 ×1000 毫米　16 开本
印　　张：19.25
字　　数：307 千字
定　　价：118.00 元